珍藏本
纪念版

汉译世界学术名著丛书

道德原则研究

〔英〕休谟 著

曾晓平 译

2017年·北京

David Hume

AN ENQUIRY CONCERNING THE PRINCIPLES OF MORALS

from

The Philosophical Works of David Hume (in four volumes), vol. Ⅳ, Edinburgh, 1826; and *Enquiries Concerning the Human Understanding and Concerning the Principles of Morals*, ed. by L. A. Selby-Bigge, Oxford, 1902.

译文根据1826年爱丁堡版四卷本《休谟哲学著作集》第四卷，并参考L. A. Selby-Bigge编1902年牛津版《人类知性研究和道德原则研究》译出

汉译世界学术名著丛书
（120年纪念版·珍藏本）
出 版 说 明

2017年2月11日，商务印书馆迎来120岁的生日。120年前，商务印书馆前贤怀揣文化救国的理想，抱持“昌明教育，开启民智”的使命，立足本土，放眼寰宇，以出版为津梁，沟通中西，为中国、为世界提供最富智慧的思想文化成果。无论世事白云苍狗，潮流左右激荡，甚至战火硝烟弥漫，始终践行学术报国之志，无改初心。

迻译世界各国学术名著，即其一端。早在20世纪初年便出版《原富》《天演论》等影响至今的代表性著作，1950年代后更致力于外国哲学和社会科学经典的译介，及至1980年代，辑为“汉译世界学术名著丛书”，汇涓为流，蔚为大观。丛书自1981年开始出版，历时三十余年，迄今已推出七百种，是我国现代出版史上规模最大、最为重要的学术翻译工程。

丛书所选之书，立场观点不囿于一派，学科领域不限于一门，皆为文明开启以来，各时代、各国家、各民族的思想与文化精粹，代表着人类已经到达过的精神境界。丛书系统译介世界学术经典，引领时代思想，为本土原创学术的发展提供丰富的文化滋养，为推动中国现代学术和现代化进程做出了突出的贡献。

为纪念商务印书馆成立120周年，我们整体推出“汉译世界学术名著丛书”120年纪念版的珍藏本，寄望既利于文化积累，又便于研读查考，同时向长期支持丛书出版的译者、编者和读者致以敬意。

两甲子后的今天，商务印书馆又站在了一个新的历史时间节点上。我们不仅要铭记先辈的身影和足迹，更须让我们的步伐充满新的时代精神。这是商务人代代相传的事业，更是与国家和民族的命运始终紧密相连的事业。我们责无旁贷，必须做好我们这代人的传承与创造，让我们的努力和成果不仅凝聚成民族文化的记忆，还能成为后来人可以接续的事业。唯此，才能不负前贤，无愧来者。

商务印书馆编辑部

2017年10月

目　　录

译 者 导 言

近代自然科学方法广泛深入的运用产生了牛顿体系，牛顿理论通过揭示物理存在物的本性及其规律(physical necessity)，根据少数几条一般原理极其普遍地、似乎毫无例外地说明了各种复杂的物理现象，给予物理存在物的运动和变化以完整而普遍的解释，像光一样照亮了整个自然(physical)世界；但是在精神(moral)领域，在人类推理和行动的范围内，人类本性及其规律却仍隐藏在黑暗中，未被清楚地揭示出来。这种状况激励着休谟，他试图像牛顿一样，通过运用自然科学的实验推理方法，揭示道德存在物的本性及其规律(moral necessity)，提出一个用以说明整个人类精神领域的普遍而完整的科学体系，使精神领域像自然世界一样透彻澄明。

休谟努力的结果便是作为其"人学"(science of man)体系的表述的《人性论》的完成；可是《人性论》的出版并没有收到他预期的效果，人们没有像欢呼牛顿体系那样欢呼他的"人学"体系的诞生，没有像盛赞力学规律那样赞誉他所揭示的道德必然性——"习惯"规律[①]；然而，休谟自信，原因不在于自己的思想自身，而在于其表述不适合于人们的理解和接受。因此，他将《人性论》的主要

① 在这里，"规律"和"必然性"这些概念是在休谟体系之外的意义上使用的；"道德必然性"是指与牛顿体系中的物理必然性相对应、表示人类精神(moral)领域里的规律性或规则性的东西。按照休谟的说法，"道德必然性"和"物理必然性"之分是无稽

内容先后改写并重新出版，终于引起人们的关注和反响。

作为《人性论》第三卷“论道德”的改写，《道德原则研究》（以下简称为《研究》）大体保留了原书的基本问题和结论，但在思想观点和文字表达上都有了重大改进；休谟自称它在自己“所有不论历史的，哲学的，或文学的著作中是无与伦比地最优秀的著作”[①]这不仅是就其文字的简约练达和笔调的优美典雅而言[②]，而也是就其思想的系统联贯和分析论证的精致严密而言。通观全书，我们能够看出，它比“论道德”在问题上更深入，在思想上更稳健和成熟，在论证上更简洁而严密，在整体结构安排上也更细致，在某种程度上，它明显地体现出休谟力图将其道德思想严密体系化的意图。

《人性论》“论道德”的思想理路

休谟对人类本性的探讨以其全新的完整的“人学”体系为指归，其出发点是唯经验主义。以唯经验主义为基本立场，他将一切对象都限制在人们的经验的范围内，变成超不出主体自身知觉的

之谈（《人性论》，关文运译、郑之骧校，商务印书馆 1980 年版，边码第 171 页），“必然性”和“规律”这些概念都是人类认识能力按照实验推理方法无法达到的。但是，休谟自己运用实验推理方法探讨人类本性、力图建立一门“全新的完整的科学体系”，这个意图本身说明他自己最初并没有抛弃这些概念，只不过他的努力后来导致了否定性的结论，使他不得不诉诸“习惯”。而“习惯”就其实质而言仍是一种“必然性”，亦即一种不同于“客观必然性”的“主观必然性”，正如后来康德所称之的那样（《未来形而上学导论》，庞景仁译，商务印书馆 1978 年版，第 6 页）。

① 《人类理解研究》，关文运译，商务印书馆 1957 年版，第 4 页。

② 《休谟哲学著作集》1874—5 年版的编者之一 T. H. Grose 认为休谟是“一位哲学英语大师”，L. A. Selby-Bigge 认为《道德原则研究》即是对这一评价的一个极其成功的证明。见 Selby-Bigge 编《人类知性研究和道德原则研究》，Oxford：Clarendon，1902 年版，第 xxii 页。

东西，即一大堆没有内在关联的印象和观念。人类本性，就其作为人学的对象而论，并没有什么确定不移的本质，也没有什么坚久不移的属性，而只是一些印象和观念的复合物。因此，对人类本性的探讨主要是对印象（单纯作为反省印象，而不包括感官印象，后者是解剖学和自然科学的对象、而不是精神科学的对象①）和观念的探讨，或者说是对激情和理性或知性的探讨（因为激情、理性和知性不是一种具有自身同一性的"官能"或"能力"，而是作为不同知觉的印象和观念本身）；人类本性只包含理性或知性和激情两大部分。

休谟对人类本性的这种划分偏离于柏拉图以来关于人类本性以"知—情—意"为三元结构的传统，决定了其人学理论的基本构架。按照人类本性的这种二元结构，"人学"作为以人类本性为对象的科学在理论构架上只应当包含"论知性"和"论激情"两个部分，前者构成认识论，后者构成心理学，而不应当包含传统上属于"论意志"的道德学。在《人性论》中，休谟内在隐含地遵循了这一理论构架，以"论知性"说明人的认识，以"论激情"说明人的道德和批评等，没有另外提出与"论知性"和"论激情"相对应的第三个独立的部分即"论意志"，对"意志"的探讨与"直接的激情"一起隶属于"论激情"中。因此在那里，"人学"最终只包含认识论的怀疑主义和心理学的情感主义，其中怀疑主义认识论是基础，情感主义心理学是归宿。就休谟对人类本性的探讨不过是以唯经验主义为立场的纯粹思辨而论，可以说他的"人学"是一个比较精致的思辨体系，在理论上是自足的。

① 《人性论》，边码（下同）第8页。

但是在《人性论》中，休谟对其人学的论述并没有局限于这个理论构架。遵循哲学划分为理论哲学和实践哲学的传统，出于“道德是一个比其他一切主题更令我们感兴趣的主题”[①]的动机，休谟在这个理论构架的两部分之外又增加了一卷“论道德（Of Morals）”（不是“论意志”），直接切入人们的道德实践。但是“论道德”并非像一些道德学家那样旨在为人们提供一套实用的世俗道德准则，而是力图将人学的思辨理论贯彻到实践领域，解释和说明人的现实的道德实践活动，“巩固”或“确证（corroborate）”[②]人学的思辨理论。因此，在《人性论》中，道德学是与认识论和心理学一脉相通的；道德学的任务就是在认识论的怀疑主义立场上[③]说明情感主义心理学中已经显露出来而尚未给予充分说明的“道德如何能决定于情感？如何能完全纳入心理学？”的问题，这些问题在“论道德”中具体化为“道德区别如何起源于情感？”的问题。的确，对休谟说来，这是一个于其思辨人学至关重要的问题，只有解决这个问题，其心理学的情感主义才能得到巩固，其认识论的怀疑主义才能保持一贯，其整个思辨的人学才能不失于玄奥而为一般读者所理解。对于这个问题，休谟在“论道德”中按照一条较为清晰和严密

① 《人性论》，第455、457页。这里还包含着把人作为“合理（推理）的存在物”和作为“能动（行动）的存在物”的这样两重属性结合起来的意图。

② 《人性论》，第455页。

③ 罗素认为，休谟在《人性论》第三卷的道德探究中将其认识论怀疑主义立场抛置于脑后了（《西方哲学史》下卷，马元德译，商务印书馆1976年版，第211页）。罗素似乎是将休谟的道德学直接视为其思辨人学的一个分支，而没有注意到它其实并不是与“论知性”和“论激情”相平行的一个独立的部分。如果根据休谟对人类本性的传统划分的偏离来理解其思辨人学的结构，其情感主义的道德学与怀疑主义的认识论之间则似乎很难说有明显的不一致。

的推演思路给予了分析和说明。

首先，休谟在“德性和恶行总论”（第一章）中深入分析和阐明了道德不是理性的对象、而是激情和情感的对象。在他看来，道德或道德性问题归根到底是道德的善和恶、德性和恶行的区别问题。这种道德区别不是导源于理性或知性；因为，理性和知性的作用是发现真或伪，而真或伪在于是否一致于观念的实在关系或事实的实在实存，故而理性和知性的作用是判断事实和关系，而任何性格或行为的善和恶、任何人的德性和恶行都既不在于事实、也不在于关系，任何事实或关系自身亦既无所谓善、也无所谓恶，既无所谓德性、也无所谓恶行。因此，道德区别不可能导源于理性，只能导源于情感。相应地，道德性亦即善和恶、德性和恶行就不是作为事实或关系的对象的任何性质，而是主体自身基于快乐和不快的感受而产生的那种知觉，这种知觉是主体受刺激而自生的，类似于洛克所说的“第二性的性质”①。

由此问题就变成，这种区别道德的善和恶、德性和恶行的快乐或不快的感受是如何发生的？为了解决这个问题，休谟把道德性或道德的善和恶、德性和恶行区分为两类，即通过人为设计而建立的和通过自然情感而产生的，力图从这两类德性的产生方式中寻找快乐和不快的感受得以发生的源泉和原则。不过在他看来，“通过人为设计”并不意味着是“超自然的”或“非自然的”、而也是适合于人类社会存在和发展的需要的，“通过自然情感”也并不意味着

① 休谟认为，他在道德领域中的这个发现“应当视为思辨科学的一个重大进步”。《人性论》，第469页。

在人心中有其先天的起源、而也是后天形成的。

对于通过人为设计而建立的道德性即善或德性，休谟提出了正义、忠诚、忠实、端庄和贞洁等（第二章）。休谟认为，正义产生于人类的必需，这种必需在于两个方面。一是人们的自然需要的无限与满足这种需要的手段的薄弱以及外界物质条件的不够丰富之间的巨大差距，它导致人们的自然性情的自私性，并使这种自私性远远超出人们的有限的慷慨之情①；二是人们希望和平保持自己的占有物的要求与人们的占有物容易转移之间的矛盾，它使得人类生活处于极度的不稳定中②。这两个方面结合起来，就对人类的生存和发展构成不利和威胁。而要克服这两个方面的不利，人们不能诉诸自己的未受教化的道德观念，亦即自爱或自我利益，它们只会加剧这两方面的不利③；他们只能在判断力和知性的协助下通过“约定”来完成，即，人为地建立一种“一般的共同利益的感觉”④。借助于这种共同利益的感觉，他们形成一定的标准和规范，区别出什么是正义或不正义，从而形成一定的道德区别。因此，正义作为德性，其根源完全在于维护社会的和平和秩序、促进人类的生存和发展这种需要

① 《人性论》，第 486－487 页。

② 《人性论》，第 487 页。

③ 《人性论》，第 488 页。

④ 《人性论》，第 490 页。这种“一般的共同利益的感觉”作为“约定”，区别于卢梭等其他近代哲学家们的契约论中的“约定”概念。在卢梭的契约论中，人被假定为有理性的存在物，具有自由的意志，公民契约或约定就出自这样一个理性存在物的自由的意志。而在休谟这里，“意志”不是一种实在的能力，“自由”不是一种实在的属性，“理性”也只判断事实和关系，因此，作为正义的起源的这种“约定”就不是出自以理性为根据的意志，而是出自作为快乐和不快的感受的内在感官，不是以语言或符号的形式明确地表达的概念和条文，而是朦胧的预期的感觉。

和目的。在这个意义上，正义之得以确立纯粹在于其“公共的效用”，这就是说，“公共的效用”是人们通过人为设计而确立正义和不正义的区别的直接源泉。但是从更深一层意义上看，亦即从前面两个方面的必需性上看，正义的原始动机则是人们的自私性或自我利益①，或者毋宁说是人们的自私性与现实的有限财富之间的紧张关系。根据从正义德性中所揭示的“自私性”和“公共的效用”的原则，休谟进一步分析了忠诚、忠实、端庄和贞洁等其他人为德性，从社会的不同层次或意义上阐明了人为德性的源泉和原则。

通过人为设计而建立的德性是针对各种不同形式的社会而言的，它们必须表现为一般的行为体系或体制，必须社会全体成员人人遵奉才能发生效力，而且受益者是社会整体。反之，通过自然情感而确立的德性（第三章）则是针对个人而言的，它们是特定的行动的规范，是某种自然情感的对象②。在休谟看来，自然德性和人为德性之所以在确立方式上有差异，其原因是后者以公共的和社会的有用性为标准、而前者以私人的有用性和愉快性为标准，即前者直接基于个人的快乐和不快的感受，以对自己有用、令自己愉快为根源。因此，他提出，快乐和不快的感受得以发生的源泉和原则就是对社会有用、对自己有用、令他人愉快和令自己愉快这四者③。自然德性，即那些主要对个人自己有用或令个人自己愉快的品质、性格和才能等，一方面像对公共和社会有用的那些性格和行动那样是通过同情原则，另一方面是直接通过比较原则而被规

① 《人性论》，第496、500页。

② 《人性论》，第579—580页。

③ 《人性论》，第590—591页。

定为德性的。在他看来，属于这类德性的有伟大而豪迈的心灵品质、仁慈和仁爱的心理情感以及各式各样的自然才能，因而，他从这几个方面对这类德性进行了具体的分析和阐述。这些德性，我们可以看出，实际上包含了西方历史不同时期人们所崇尚的各种不同的主导观念，即，古希腊的“英雄”德性、中世纪的“爱”的道德和近代文艺复兴以来的“人”的观念。通过上述所有这些分析和论述，休谟就解决了快乐和不快的感受得以发生的源泉和原则问题，证明了道德区别不可能是理性的产物、而只能是情感的产物，补充和确证了其人学的思辨理论。

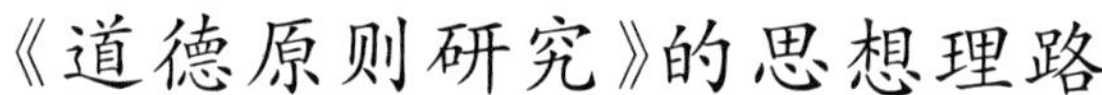

《道德原则研究》的思想理路

《研究》同“论道德”一样也是以认识论怀疑主义和心理学情感主义为前提和基础的；但是与后者不同，前者不单纯为了“巩固”或“确证”人学的思辨理论，而且力图把后者中作为问题的解答而提出的四个源泉和原则通过更深入细致的分析和阐述加以证明，消除其中所隐含的一些相抵牾或不成熟之处，建构一个相对完整的道德体系。因此，在《研究》中，休谟把“论道德”的任务向前推进一步，由“道德的一般基础”而进至“道德的真正起源”，“论道德”中所着重阐述的“道德区别是导源于理性、还是导源于情感”的问题被转化成“理性和情感各自在道德决定中起多大作用”的问题、而作为相关附属问题放在附录中加以考察[①]，正文的主要任务则是解

① 附录一。

决道德本身得以成立的原则或根据，寻找并证明道德本身的真正起源[1]。尽管在《研究》中对前一个问题的论述与“论道德”没有实质性的差异、只是表达更集中和更明确，对后一个问题的提出和说明却将“论道德”中作为问题的解答而提出、并未给予充分证明的东西作为道德探究的核心问题凸显出来，不仅实现了道德研究重心的转移，而且深化了“论道德”的观点和研究。

与此相适应，《研究》同“论道德”在对象、方法和结构上就表现出重大的差异。《研究》着重的不是道德区别的起源及其方式问题，而是道德本身得以成立的原则和道德价值的构成问题，这个问题主要不在于确断在人类本性中占支配地位的是仁爱（性善）还是自爱（性恶）、在道德规定中起支配作用的是理性还是情感，而在于弄清个人价值是由什么复合而成，人们的品质、性格和行动何以受到敬重、好感、称赞和颂扬或憎恨、轻蔑、谴责和讽刺。在方法上，《研究》不是从一般到具体、将蕴涵于前提中的结论展开申发，即不是从“人学”的思辨原则推导出道德区别的起源、然后根据这种起源（快乐和不快的感受）来说明各种德性的源泉和原则，而是从具体到一般、通过对单个事例的分析和归纳而逐步得出结论，即更彻底地运用实验推理方法，通过语言分析、归纳推理和比较而对日常道德进行分析，揭示和论证道德的真正起源和原则。在结构上，《研究》不是简洁地划分为道德的一般理论（“德性和恶行总论”）和各种德性的具体阐述（“人为德性”和“自然德性”）两大部分，而是

① 《人类知性研究和道德原则研究》，L. A. Selby-Bigge 编，Oxford：Clarendon，1902 年，第 173－174 页。

按照德性得以成立的方式而划分为各种类型的德性的分析和结论等诸多部分，章与章之间表面看来纷繁杂乱而缺乏内在连贯性、实则隐藏着一条有目的的精心设计的思路。

贯串这条思路的则是前述四个源泉和原则及其次一级划分。在简要勾勒探究的背景和问题（第一章）之后，休谟便根据这四个源泉和原则对道德进行了系统的分析和论证。首先，对“对他人或社会有用的品质”的分析枝分为三个子题：社会性的自然情感，社会性的人为设计，和这两类社会性的德性得以确立的方式或途径。社会性的自然情感以仁爱为总称（第二章）。休谟认为，仁爱分为特定的仁爱和一般的仁爱；特定的仁爱是对亲人的血缘亲情等，一般的仁爱是对与己无关的其他人类的广博的胸怀和慈善的心肠。作为一种自然之情，一般的仁爱所以成为社会性的德性、构成个人价值之一部分，在很大程度上决定于其利他的倾向，即促进人类利益和造福人类社会的趋向，亦即对公共的有用性或“公共的效用”[1]。社会性的人为设计包括正义、忠诚、忠实、端庄、贞洁等，它们也因自身的公共的效用而成为德性。正义（第三章）作为一种人为设计，完全是为了适应人们交往的便利和生存的必需而确立的，其根源正如“论道德”中所分析的那样在于外在条件和人类本性两个方面的本源的“中间性”，即外界条件的既不极端缺乏又不极端丰足和人类本性的既不极端自私又不极端仁爱，因为这两个方面的任何一种极端都取消正义得以产生的可能性[2]，因此它以划分、

① 《人类知性研究和道德原则研究》，第 180－181 页。

② 《人类知性研究和道德原则研究》，第 184－188 页。

规范和调节单个人与单个人之间的所有权为对象;但正义作为德性,其自身并不是一种在人之外或之上的实存的制度或规章,也不是对人作出的、与己无关的道德评判,而是一种直接建立在单个人自己内心中的对制度性的正当规则的"感觉"。作为人为设计,正义着眼于调整单个人与单个人之间的所有权关系,而单个人与社会之间的和谐和秩序则依赖于忠诚、忠实、端庄、贞洁等(第四章)。这些人为设计是适应于社会的不同形式如政治社会、交际圈、家庭—社会等等而建立的,它们表现着忠于政府、忠于朋友、忠于婚床等等;这些人为设计直接导源于它们对各自所服务的社会的有用性的趋向,它们的道义责任与它们的有用性的大小成正比[①]。上面这些社会性的德性,不论是自然情感还是人为设计[②],其确立都是借助于"同情"(第五章)。同情是人心天然具有的一种情感,其本质是一种与他人的同胞感(fellow-feeling with others)[③],或者毋宁说是作为我们人的本性的"人性"或"人道"(humanity)[④];它把社会性的自然情感和人为设计的有用性或公共效用同每一个人的快乐和不快的感受相联系而引发出快乐或不快的情感,由此而使它们获得作为社会性的德性的价值,并使单个人与单个人之间、

① 《人类知性研究和道德原则研究》,第 206 页。

② 对于这两者之间的关系,休谟有一段生动的比喻性的说明:"人类的幸福和繁荣起源于仁爱这一社会性的德性及其分支,就好比城垣筑成于众人之手,一砖一石的垒砌使它不断增高,增加的高度与各位工匠的勤奋和关怀成正比。人类的幸福建立于正义这一社会性的德性及其分支,就好比拱顶的建造,各个单个的石头都会自行掉落到地面,整体的结构惟有通过各个相应部分的相互援助和联合才支撑起来。"《道德原则研究》,附录三。

③ 《人类知性研究和道德原则研究》,第 219 页注和第 260 页。

④ 参见《人类知性研究和道德原则研究》,第 219 页注。

单个人与社会之间达到沟通、和谐和秩序具有一个可靠的基础。

上述对“对他人或社会有用的品质”的分析是通过“公共的效用”而以一种肯定的方式揭示了道德的起源和一部分个人价值的构成，反之，对“对自己有用的品质”的分析（第六章）则是通过“私人的效用”而以一种否定的方式来说明了道德的起源和一部分个人价值的构成。对个人自己有用的品质分为三种类型：一是个人的心灵品质如审慎和智慧等；二是个人的性格特征如勇敢、谨慎、勤奋和省俭等；三是个人的外在的美貌、财富和权力等。休谟认为，对自己有用的品质与社会性的德性不同，它们之构成道德价值，主要不是因为它们自身直接具有有用性的趋向而是因为同情，即主要不是因为自爱、而是因为人道或仁爱。这些品质，就它们的直接趋向来看是有用于拥有者自己，就此而论它们作为德性似乎应当是根据于自爱。但实际上，这不过是表面现象；我们根据反思可以发现，如果按照自爱原则，这些品质并不必然激起旁观者的同情和快乐、并博得他们的好感和赞许，反而可能更多地令他们感到痛苦或漠然、并引起他们的反感和责难，相反，如果按照仁爱原则，对自己有用的东西他人也将感到快乐、从而博得他们的好感和赞许，对自己有害的东西他人也将感到痛苦或不快、从而引起他们的反感和责难。[①] 因此，这些品质作为德性不可能是根据于“对自己有用”这一趋向，只能是根据于“令他人快乐”这个因素，因而它们的基础或根据不可能是自爱，只能是人道或仁爱与同情。这就从反面、以否定方式达到了社会性的德性从正面和以肯定方式在道

① 《人类知性研究和道德原则研究》，第243—244页。

德起源问题上所达到的同一个结论，只是侧重不同而已。

如果说前两个方面基于品质或性格的有用性或效用的趋向，从主体知觉中对对象的外在观察上说明了这些德性的起源并追溯出了道德的一部分源泉，那么，“令人愉快的”品质或性格则从主体自身的内在感受上说明了另一些德性的起源并追溯出了道德的另一部分源泉。令人愉快的品质包括两个方面：直接令自己愉快的品质和直接令他人愉快的品质。直接令自己愉快的品质（第七章）又分为崇高的激情的对象和温柔的激情的对象，前者有心灵的伟大、性格的高贵、骄傲和气概、崇高、勇敢、哲学的宁静和淡泊等等，后者有仁爱、友谊、爱情、鉴赏力等等；直接令他人愉快的品质（第八章）则主要有良好作风、礼貌、机趣、雄辩、健全理智、谦逊、风度等等。在休谟看来，所有这些令人愉快的品质，不论是令自己愉快的或是令他人愉快的，都不像有用的品质或行动那样需要通过观察、并借助于反思才间接地使人快乐，而是通过感受性或趣味而直接地使人在内心感到快乐；因此，它们事实上比有用的品质或行动离德性的距离更近。在这种意义上，休谟说，“德性的本性、而且其实德性的定义就是，它是心灵的一种令每一个考虑或静观它的人感到愉快或称许的品质。”[①]不过，这些令人愉快的品质同有用的品质或行动一样，也是借着同一种同情、即与他人的同胞感或人道才被推崇为德性的。

经过运用实验推理方法对各种性格、品质和行动作出上述细致分析之后，休谟就达到了整个道德探究的结论（第九章），澄清了

① 《人类知性研究和道德原则研究》，第 261 页注。

道德的真正起源。这就是:道德的真正起源发源于对他人有用、对自己有用、直接令他人愉快和直接令自己愉快这样四个源泉;个人价值完全在于拥有这些或者有用于或者愉快于个人自己或他人的品质或性格或才能[1];这四个源泉得以发生作用的原则不是自爱、而是人道或仁爱,而且毫不依赖于其程度。在休谟看来,这些结论是如此自然,就仿佛太阳投下阴影和水面映出倒影一样,然而它们却一直未能为人们所接受,主要原因在于各种道德理论和体系把人们的自然知性引入了歧途。因此,他要求人们在道德理论上摒弃已经堕入歧途的自然知性,重新诉诸共通的感官(common sense)或健全的理智(good sense),还道德和德性以自然的面目,并将一切不是出自这些源泉和原则的德性全都拒斥在德性的目录之外,因为德性的惟一目的是使人幸福和快乐[2],在于让广博的人道或仁爱融化褊狭的自私性而使人类社会达到和平、秩序和幸福[3]。由此我们可以看出,休谟着意于将哲学与常识、思辨的道德体系与日常道德统一起来,他的这种探究所达到的结论与其《人性论》中所包含的思辨人学的基本精神相一致,是实验推理方法在精神科学的实践部分中得到更彻底和更系统运用的结果,而道德性仍不超出作为“第二性的性质”的知觉的范围。在这种意义上,他的这些思想就明显地区别于同时代的其他情感主义或感觉主义的道德体系或理论,并分别构成后来的功利主义(就其强调“有用性”和“效用”、尤其是“公共的效用”而论)和形式主义动机论(就其所

① 《人类知性研究和道德原则研究》,第 268 页。

② 《人类知性研究和道德原则研究》,第 279 页。

③ 《人类知性研究和道德原则研究》,第 274—277 页。

强调的“效用”只是作为“趋向”、而非作为“后果”而论）伦理学的深刻的理论动机。

《道德原则研究》对“论道德”的重要发展

上面大致勾勒了“论道德”和《研究》的思想理路，指出了两者在任务、问题、方法、结构和论述上的一些差异，下面我们就简要说明这些差异所展现的一些观点上的发展。

《研究》对“论道德”的最重要的发展可以说是第一次自觉提出、并着重阐述了“个人价值”（personal merit）问题。在“论道德”中，休谟多处提到性格或行动的“价值”，甚至几次提到个人（person）的“价值”，但没有自觉提出“个人价值”问题，更缺乏对此问题的深入的讨论；在《研究》中，他则不仅将它作为一个“问题”明确地提出来，而且作为全书的核心问题之一贯穿始终地予以探讨。这意味着在《研究》中休谟并不满足于将思辨的人学运用于实践领域来“巩固”或“确证”其基本思想和原则，不满足于围绕道德区别而揭示道德感受（快乐和不快的感受）得以发挥作用的源泉和原则，而是试图在对这些原则进行分析和证明的同时，通过阐明个人价值的构成而从理论上解决单个人与单个人、单个人与社会之间在利益和幸福上的关系，从而揭示精神科学的实践部分自身的特征或特性。当然，应当指出，在这里，“价值”这个概念无论从心理的，道德的，或政治的意义来看都还没有超出主观评判的范围，始终只是一种主观情感，而不是一种客观价值（value）。

《研究》对“论道德”的第二个重要的发展是在道德动机问题上

以“仁爱论”取代了“自爱论”。在“论道德”中，休谟基于人的生存需要与外界物质条件之间不可克服的矛盾的假定，从人类“自爱”和“仁爱”的本性中选取“自爱”（自私性）作为道德的原始动机，并在某种程度上夸大“自爱”的强度和力量；在《研究》中，他一方面较偏重于强调外界物质条件和人的自然性情的中间性，另一方面努力从道德概念来说明道德自身得以建立的根据，从而以仁爱论扬弃自爱论，主张“人道”是道德的原始动机或原则。在他看来，“道德这一概念蕴涵着某种为全人类所共通的情感，这种情感将同一个对象推荐给一般的赞许，使人人或大多数人都赞同关于它的同一个意见或决定。这一概念还蕴涵着某种情感，这种情感是如此普遍如此具有综括力，以至于可以扩展至全人类，使甚至最遥远的人们的行动和举止按照它们是否一致于那条既定的正当规则而成为赞美或责难的对象。这两个不可或缺的因素惟独属于我们这里所坚持的人道的情感。”①

第三，《研究》在道德情感的发生方式上扬弃了“论道德”中的比较原则。在“论道德”中，“同情”和“比较”②构成道德情感得以发生的两种方式，前者主要关涉社会性的和共通性的情感，后者关涉个人性的和私人性的情感，两者共同以快乐和不快的感受为基础、以自爱为深层动机而活动；在《研究》中，由于休谟将立足点从单个人移向单个人与单个人之间、单个人与社会之间的关系，在道德动机上从自爱论转向仁爱论，“比较”就失去其原有的地位和作用，相应

① 《人类知性研究和道德原则研究》，第272页。

② 《人性论》，第592—594页。

地，“同情”则变成人们道德情感的主要的、甚或惟一的发生方式。

第四，休谟对宗教采取了更加鲜明和严厉的批判态度。在“论道德”中，休谟在理论上通过否定意志能力、否定意志自由，使道德变成单纯激情的活动，使道德学与以意志为基础、由奖惩制裁力所维护的神学相区别，从而委婉地批判了宗教神学[①]；在《研究》中，休谟坚持“论道德”中的这一理论立场，并以道德的四个源泉和原则为根据对僧侣道德进行了彻底的批判。在他看来，那一整套僧侣式的德性都“并不有助于任何一种目的，既不提高一个人在俗世的命运、也不使他成为社会中更有价值的一员，既不使他获得社交娱乐的资格、也不为他增添自娱的力量”，反而“取消所有这些值得欲求的目的，麻痹知性且硬化心肠、蒙蔽想像力且使性情乖张”，因此它们不能被当作德性，只能被归于恶行的目录中[②]。他的这种批判为后来《宗教的自然史》和《自然宗教对话录》中对宗教的深刻批判奠定了基础。

几 点 评 论

“论道德”和《研究》是休谟从两个不同的角度将自然科学的实验推理方法运用于精神科学的实践方面的结果。两者都试图解决道德的性质、起源和原则等基本问题，揭示人类道德实践的“规律性”，补充和确证思辨的人学。但是，两者在方法与目的之间都存

① 《人性论》，第 609 页。

② 《人类知性研究和道德原则研究》，第 270 页。

在同一个尖锐的矛盾:实验推理方法贯彻到底的结果是认识论的怀疑主义,它怀疑或否定任何科学得以建立的可能性,而两者恰恰旨在以一种关于道德实践的新理论补充和确证一门关于人类本性的"新""科学"。为了解决这个矛盾,休谟在两者中都隐秘地比照牛顿体系预设了几个不可怀疑的假定,即人性、同情和趋乐避苦的本能:物理存在物的运动和变化以力的作用为动因,道德存在物的激情活动就有"快乐和不快的感受"为动因;自然领域以万有引力定律为万物普遍联系和和谐的根据,精神领域就有以人性为基础的"同情"作为人心之间相互沟通、整个社会达到和平和秩序的根据。撇开这几个假定,休谟的道德思想乃至其整个思辨人学都将很难得到充分的理解。

在这两部书中,休谟所假定的"人性"和"理性"其实具有相当大的限制性,而不是真正普遍的;"人性"不是所有人的本性,"理性"也不是一切人的日常理性。在他那里,人实际上被分成两类:一类是粗俗无知的大众,包括粗鄙而迷信的世俗百姓和狂信而专断的僧侣阶层;另一类是少数天才人物、哲学英雄和博学之士,他们是启蒙的精英,只有他们才拥有能正确知晓道德品质的趋向的理性,才拥有能细腻感受各种道德情感的精致趣味。因此,在他那里,真正的道德主体不是大众、而是精英,真正的道德标准不是先天的普遍的人性、而是精英的特定的趣味;大众是启蒙教化的对象,精英承担启蒙教化的使命,他们的任务是让大众感受德性的魅力和社会的好处、使他们自愿在道德上担负起对社会的义务[①]。在这种意义上,休谟的道德学完全是启蒙运动的产物,推崇的是资

① 《人类知性研究和道德原则研究》,第282页。

产阶级启蒙精英的理想人格，只是其中启蒙的主要目标不是作为认识能力的心智，而是作为感受能力的情感和趣味。

休谟的道德思想从“论道德”到《研究》的发展在某种程度上反映了当时社会现实状况的急骤变化。十八世纪上半叶正是资本主义原始积累基本完成、渐趋走向稳步发展的时期，土地和资源已经掠夺和分割完毕，资产阶级开始转而力图保持既成的占有，迫切期望在法律制度和道德观念上确立保障和维护既成占有的根据，也就是，建立维护资产阶级既得利益的意识形态。休谟的某些道德思想正是适应社会现实的这种变化而发展的。休谟最初坚持道德起源的自私论，实际上是变相接受了资本原始积累时期霍布斯等人自私论道德学说的基本观点，其中主要社会性德性“正义”虽然构成所有权、权利和义务等观念的基础，但并未以所有权和占有为对象，它和所有权是基于同一个起源的两个不同的东西[①]；后来休谟转向仁爱论的道德起源论，并明确提出正义的对象即所有权[②]，正义德性的任务就是通过财产划分和规范来稳定占有、维护社会的和平和秩序[③]，正是适应着现实发展的这种要求。这说明，休谟

① 《人性论》，第 490—491 页。

② 《人类知性研究和道德原则研究》，第 198、201 页，第 197 页注和附录三。

③ 《人类知性研究和道德原则研究》，第 192—204 页。这种秩序是以牺牲平等为代价的。休谟在讨论正义的起源时假定了一种“原初的平等”，认为只有在人人最初平等的状态下正义才可能建立起来，如果人人最初是不平等的，则他们之间只能是主奴关系，不需要、也不可能产生正义（第 190—192 页）。但是对这种构成正义德性之基础的“平等”，他没有像卢梭那样坚持看作正义本身亦必须追求的目标，而是看作不切实际的和对社会有害的。从绝对的平等不可能存在、即便存在后天的努力也会将之打破，他推断出，以平等为正义的对象，社会就会沦为极端贫困和个人专制的境地。因此，在他那里，正义在根本上只是一种有限的分配正义；这就是他的“正义的对象即所有权”所表达的基本含义。

的道德学虽然以思辨的人学为基础，但其内容仍然植根于社会现实及其发展的需要中。

第一章 论道德的一般原则

与那些固执于自己原则的人的争论，较之于一切其他争论是最令人厌烦的；或许只有与那些全无诚意的人的争论除外，那些人其实并不相信他们所维护的观点，他们之所以参与争辩乃是出于装模作样，出于一种对抗精神，或者出于一种炫耀其机趣和机巧比其余人类高超的欲望。在这两种人中，所能期望的是他们对自己的论证的同样盲目的坚持、对他们的对手的同样轻蔑和对坚持诡辩和谬误的同样强烈的热心。由于推理不是这两种争论者各自导出他们的信条的源泉，因而期望任何不涉及感情的逻辑将使他们接受更健全的原则都是白费心思。

那些否认道德区别的实在性的人可以归入无诚意的争论者之列；也不可能想象任何一个人类被造物竟能认真地相信，一切性格和行动都一样有资格获得每一个人的好感和尊重。大自然在人与人之间所安置的差异是如此巨大，而且这种差异还在为教育、榜样和习惯如此更进一步地扩大，以致这对立的两极一旦被我们所了悟，就再没有任何一种怀疑主义会如此严格，亦几乎再没有任何一种自信态度会如此坚定，竟至于绝对否定它们之间的一切区别。即使一个人的鲁钝从来就是非常严重，他也必定经常被**正当**和**不正当**的意象所打动；即使这个人的偏见从来就是非常顽固，他也必定观察到其他人很容易被类似的印象所感动。因此，使一个无诚意的论敌转变过来的惟一途径就是任他去。因为，发现没有人愿意继续同他争论，很可能他最终将由于纯粹的厌倦而自行转变到常识和理性这边来。

有一场近来发生的争论很值得加以考察，这场争论涉及道德的一般基础：道德是导源于**理性**、还是导源于**情感**，我们获得对于道德的知识是通过一系列论证和归纳、还是凭借一种直接的感受和较精致的内在感官，道德是像对于真理和谬误的所有健全判断一样对一切有理性的理智存在物应当相同、还是像对于美和丑的知觉一样完全基于人类特定的组织和结构。

古代的哲学家们，尽管他们经常断言德性不外乎是遵奉理性，然而大体上似乎都将道德看作是由趣味和情感而派生出其实存。另一方面，我们现代的探究者，尽管他们也侈谈德性的美和恶行的丑，然而通常都努力通过形而上的推理和通过从知性的最抽象的原则出发的演绎来说明这些区别。在这些主题上笼罩着程度如此严重的混乱，以致后果极端严重的对立能够流行在体系与体系之间，甚至几乎每一单个体系的部分与部分之间；但是直到晚近，竟没有一个人觉察这一点。高贵的莎夫茨伯利勋爵[①]第一个引起人们注意这一区别，而他大体上坚持古代先哲们的原则，自己并没有完全摆脱这同一种混乱。

必须承认，这个问题的两个方面都能获得似是而非的证明。人们可以说，道德区别是可以由纯粹**理性**分辨清楚的；由此关于这

① 莎夫茨伯利，Shaftesbury，1671～1713年，英国政治家和哲学家，自然神论者。主要著作有《德性研究论》。——译者注

一问题又进一步产生在日常生活中以及在哲学中所盛行的许多争论；争论双方经常提出一串串证据，援引例证，诉诸权威，运用类比，查探谬误，引出推论，使各个结论适合于他们自己的适当的原则。真理是可争辩的，趣味则不然；实存于事物本性中的东西是我们的判断力的标准，每个人在自身中感受的东西则是我们的情感的标准。几何学的命题可以被证明，物理学的体系可以被反驳；但诗韵的和谐，情爱的温柔，机趣的光华，则必定给予人直接的快乐。没有人对他人的美进行推理，但经常对他们的行动的正义或不正义进行推理。在每一堂刑事审判中，被告的第一个目标是反驳所指控的事实，否认所归之于他的行动；第二个目标则是证明，即使这些行动是实在的，它们也可以证明为正当的，即无罪的和合法的。我们承认确断第一点必须通过知性的演绎，我们如何能假定确定第二点必须运用心灵的另一种不同的能力呢？

另一方面，那些想把一切道德规定都分解成**情感**的人可能努力表明，理性要引出道德推论是决不可能的。对于德性，他们说，它属于**可亲的**东西，而恶行则属于**可恶的**东西。这就形成它们的真正本性或本质。但是理性或论证能将这些不同的辞藻分配给某些主体，并预先宣布这必定产生爱、那必定产生恨吗？或者说，除了天生适合于接受这些情感的人类心灵的原始组织和构造，我们还能将什么别的理由永远派定给这些感情吗？

一切道德思辨的目的都是教给我们以我们的义务，并通过对于恶行的丑和德性的美的适当描绘而培养我们以相应的习惯，使我们规避前者、接受后者。但是这难道可能期望通过知性的那些自身并不能控制这些感情或并不能驱动人们的能动力量的推理和推论来达到吗？推理和推论发现真理；但是在它们所发现的真理是冷漠的、引不起任何欲望或反感的地方，它们就不可能对任何行为和举动发挥任何影响。凡是光荣的东西、凡是公平的东西、凡是合适的东西、凡是高贵的东西、凡是慷慨的东西，都占据我们的胸怀，激励我们接受它们、坚持它们。凡是可理解的东西、凡是明证的东西、凡是或然的东西、凡是真实的东西，都只获得我们的知性的冷静的同意，在满足一种思辨的好奇心时终止我们的研究。

熄灭一切对德性的火热的情和爱、抑制一切对恶行的憎和恶，使人们完全淡漠无情地对待这些区别，道德性则不再是一种实践性的修行，也不再具有任何规范我们生活和行动的趋向。

双方的这些论证（还可能炮制更多）是如此貌似合理，以致我不由得猜想，双方的所有这些论证都可能是可靠的和令人满意的，**理性**和**情感**在几乎所有道德规定和道德推论中都是共同发生作用的。很可能，那宣判性格和行动是可亲或可恶、是值得称赞或令人谴责，那给它们打上光荣或耻辱、赞许或责难的印记，那使道德性成为一条能动的原则、并将德性规定为我们的幸福、而将恶行规定为我们的苦难的最终的裁决：我是说，很可能，这种最终的裁决依赖于大自然所普遍赋予整个人类的某种内在的感官或感受。因为除它之外，难道还有什么别的能够具有这种性质的影响力吗？但是，为了为这样一种情感铺平道路、并确切地分辨它的对象，我们发现，事先进行大量的推理，作出精细的区分，引出合理的结论，建立广泛的比较，考察复杂的关系，确定和确断一般的事实，常常是必要的。有许多种美，尤其自然的美，最初一出现就抓住我们的感情、博得我们的赞许；而在它们没有这种效果的地方，任何推理要弥补它们的影响或使它们更好地适应于我们的趣味和情感都是不可能的。但是也有许多种美，尤其那些精巧的艺术作品的美，为了感受适当的情感，运用大量的推理却是必不可少的；而且一种不正确的品味往往可以通过论证和反思得到纠正。有正当的根据断定，道德的美带有这后一种美的鲜明的特征，它要求我们的智性能力的帮助，以便赋予它以一种对人类心灵的相应的影响力。

但是，尽管这一关于道德的一般原则的问题是令人好奇的和重要的，我们目前花费更多心思对它加以研究却没有必要。因为如果我们在本探究过程中能够非常幸运、以至于发现道德的真正起源，那时情感或理性在所有道德规定中到底起多大作用就将容易显现出来[①]。为了达到这个目的，我们将努力采取一种十分简单的方法，我们将分析形成日常生活中我们称之为“个人价值”(Personal Merit)的东西的各种心理品质的那种复合，我们将考虑一个人心灵中导使其成为或者敬重和好感或者憎恨和轻蔑之对象的每一种属性，并将考虑那如果被归于任何个人则意味着对他不是称赞便是谴责、并可能影响对他性格和作风的任何颂扬或讽刺的每一种习惯，情感，或能力。在这一方面，人类当中如此普遍地存在一种敏锐的感受性，它给予一个哲学家以充分的保证，使他在编制目录时绝不可能出现任何重大的失误，或招致将其静观的对象错置地位的任何危险；他只需在自己胸中体会片刻，考虑一下他是否将欲求拥有所归之于他的这种或那种品质、这样或那样的归罪是出自朋友还是出自敌人。语言的本性自身就几乎可靠无误地

① 见附录一。

引导我们形成一个这种性质的判断；由于每一种语言既有一套用作褒义的语词、亦有另一套用作相反意义的语词，因而无需任何推理，稍稍了解语言的习惯用法就足以指导我们收集和整理人类的各种受尊敬的或遭谴责的品质。[①] 推理的惟一目标是发现这两方面中为这些品质所共通的因素，观察一方面那些受尊敬的品质所一致具有的特定因素、另一方面那些遭谴责的品质所一致具有的特定因素，进而由此到达伦理学的基础，找出一切责难或赞许最终由之而发源的那些普遍的原则。由于这是一个事实问题，而不是一个抽象科学的问题，因而我们只能期望通过采用实验的方法和通过从特定事例的比较中推演出一般的准则来获得成功。另一种科学的方法，亦即首先确立一条一般的抽象的原则、而后将之分化为各种不同的推论和推断，其自身可能是更完善些，但更不适合于人类的不完善的本性，是道德和其他各种主题中幻想和错误的一

① 《休谟哲学著作集》注："为了达到这个目的，我们将努力采取一种十分简单的方法……稍稍了解语言的习惯用法就足以指导我们收集和整理人类的各种受尊敬的或遭谴责的品质。"这段话在第一版＊中原为："同时，在这个争论完全解决之前，要以各门科学所要求的那种精确的方式，从作为我们目前探究对象的德性和恶行的准确定义而开始来进行，对我们来说几乎是不可能的。不过我们将做我们可以正当地认为令人满意的事情。我们将把这个问题当作经验的对象。我们将把**心灵的每一种伴有人类的一般的赞许的品质或行动**称为有德性的；而我们将把**每一种构成一般的谴责或责难之对象的品质**称为恶行的。"

＊ 译者按：《休谟哲学著作集》的编者在编辑本书的过程中至少参考和对照了四个不同的版本，这四个版本并不对应于休谟写作和修订此书的相应的版本。休谟此书初稿完成于1749～1750年间，出版于1751年，此后九次修订，九次出版，时间分别是1753年、1758年、1760年、1764年、1767年、1768年、1770年、1772年和1777年。上述四个版本到底对应于休谟写作和修订的哪一个版本，现在很难完全确定；根据《休谟哲学著作集》的编者的有关注释，我们惟一可以确定的是，第三版是指1777年版。

个共同的源泉。在自然哲学中，人们虽然没有彻底根除他们对假设和体系的热爱，但是除了那些来自经验的证据，他们将不倾听任何其他的证据。现在是他们应该在所有道德研讨中尝试类似这样一种改革，拒绝一切不是建立在事实和观察基础之上的、不论多么玄奥或精妙的伦理学体系的时候了。

我们将以对仁爱和正义这些社会性的德性的考虑开始我们对道德原则的探究。对于这些社会性的德性的阐释或许将给我们指出一条可用以说明其他德性的门径。

第二章　论仁爱[1]

第　一　节

或许可以认为，证明仁爱或较温柔的感情是有价值的、它们不论出现在哪里都博得人类的赞许和善意，是一件多余的事情。这样一些语词如"友善的"、"性情善良的"、"人道的"、"仁慈的"、"感激的"、"友爱的"、"慷慨的"、"慈善的"，或与它们意义相同的那些词，在所有语言中都是众所周知的，普遍地表达着**人类本性**所能达到的最高价值。当这些可亲的品质伴随出身、权力和卓越的能力而展现于人类良好的政府或有用的教育中时，它们就似乎将那些拥有它们的人提升到几乎超越于**人类本性**之上的地位，使他们在某种程度上近乎神圣。杰出的能力、大无畏的勇气、丰硕的成就，这些只能使一位英雄或政治家遭受公众的忌妒和恶意；而这些荣耀一旦加上人道和慈善的因素，当这些事例显示出宽和，温柔，或友谊时，忌妒则就自行沉默或附和于一般的赞许和欢呼之声。

当伯里克利[2]这位雅典伟大的政治家和将军弥留之际，围绕

① 《休谟哲学著作集》注：在第一版和第二版中，本章以现属附录二的"论自爱"作为引论。

② 伯里克利，Pericles，约公元前495～前429年，古代雅典最伟大的政治家和军事家。——译者注

在他身边的朋友们以为他已经失去知觉，便开始历数他的伟大的品质和成功、他的征服和胜利、他的执政的非凡长久以及他那矗立在共和国敌人国土之上的九座胜利纪念碑，以尽情表达他们对这位行将辞世的恩主的哀痛。“你们忘记了，”这位垂死的英雄听完这一切之后喊到：“你们忘记了我最杰出的荣耀，尽在数说些主要决定于命运的寻常功绩。你们没有提到，从没有一个公民由于我而穿丧服。”[①]

对于天资和能力比较普通的人，这些社会性的德性如果可能就变成更必不可少的需要；在那种情况下，没有任何卓越的东西可以弥补这些社会性的德性的缺乏，或保护他们的人格免遭我们最严酷的憎恨和轻蔑。西塞罗说，远大的抱负、高昂的勇气，在较不完善的性格中容易蜕变为一种暴烈的凶残。在这些性格中，较社会性的和较温和的德性就该尤其受到重视。这些德性总是善良的和可亲的[②]。

尤维纳利斯[③]发现人类广博的能力的主要好处是，它使我们的仁爱亦更广博，并给予我们以比低等被造物所享有的更多的扩展我们仁慈影响的机会[④]。其实必须承认，惟有通过行善，一个人才能真正享受做杰出者的好处。他的高位自行地只使他更加暴露于危险和风暴面前。他的惟一特权是给那些安于他的荫庇和保护的下属提供庇护。

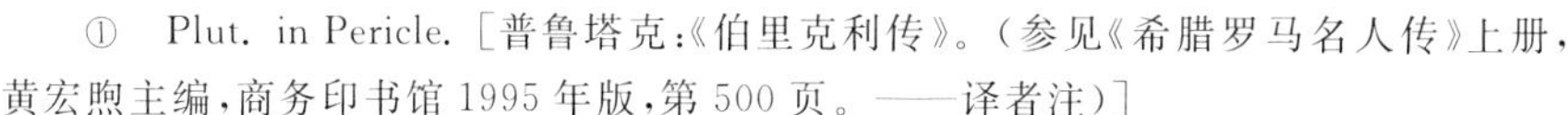

① Plut. in Pericle.［普鲁塔克：《伯里克利传》。（参见《希腊罗马名人传》上册，黄宏煦主编，商务印书馆1995年版，第500页。——译者注）］

② Cic. de Officiis, lib. i.［西塞罗：《论义务》，卷I。］

③ 尤维纳利斯，Juvenal，约60～127年，古罗马讽刺诗人，留传后世的主要有讽刺诗十六篇。——译者注

④ Sat. xv. 139 and seq.［《讽刺诗》，XV，第139行及以下。］

但是我忘记了，推崇慷慨和仁爱，或用真实的色彩描绘各种社会性的德性的全部真正魅力，并不是我目前的任务。固然，这些社会性的德性足以吸引每一个初次领略它们的人的心，而且要它们不再像经常地成为严肃谈话或推理的对象那样经常地成为俏皮颂扬的对象也是非常困难。然而，我们这里的对象是道德的思辨部分而非其实践部分，只要注意（我相信这将很容易得到承认）这一点就是足够的：没有什么品质比慈善和人道，友谊和感激，自然感情和公共精神，或凡发端于对他人的温柔同情和对我们人类种族的慷慨关怀的东西，更有资格获得人类的一般的善意和赞许。这些品质无论出现在哪里都似乎在某种程度上潜移默化于每一个注目者中，并在他们自身唤起它们所施加于周围所有人的同样那些愉悦的和亲切的情感。

第　二　节

我们可以观察到，在对任何一个人道的和慈善的人表示称赞时，有一个因素从没有不能充分加以坚持，这就是，那个人的交往和善行给社会带来的幸福和满足。我们善于说，对他的父母，他更多地凭自己孝敬的情意和恭顺的关怀、而非血缘关系而使自己可亲可爱。他的孩子从来感受不到他的权威，除非这权威是为了为他们谋利益。与他之间，爱的纽带是由慈善和友谊来巩固的。友谊的纽带在他亲切奉行每一应尽的职责时近似于爱和偏爱的纽带。他的仆佣和侍从在他那儿有着可靠的保障，不再惧怕命运的力量，只要命运的力量没有压倒他。从他那儿，饥者得食、裸者得衣、愚人和懒汉变得灵巧和勤劳。他像太阳这位下界的天道使者，鼓舞、滋养和支撑周围的世界。

如果被局限于私人的生活，他的活动领域是较狭窄些；但是他的影响力完全是宽厚的和温和的。如果被提升至高位，则人类世代都将收获他的劳动的果实。

由于这些称赞的主题从没有失于运用，而当我们想以之激起对任何人的敬重时亦从没有失于成功，因此难道我们不可以由此而推断，社会性的德性所产生的**效用**至少形成它们的价值的**一部分**，是它们受到如此普遍赞许和尊重的一个源泉吗？

甚至当我们将一个动物或一棵植物作为**有用的**和**有益的**来推荐时，我们也给予它一种与其性质相称的称赞和推荐。另一方面，对任何这些低等存在物的有害影响的考虑又总是激起我们的厌恶的情感。眼睛对于丰收的田野和硕果累累的葡萄园的景色、对于羊马成群的牧场风光感到愉悦，而避开那些隐匿豺狼毒蛇的荆棘丛林的景象。

为了适用和便利而精心设计的一架机器、一件家具、一件衣服、一幢房屋，就其适用和便利而言是美的，受到人们快乐和赞许的凝神谛视。一双经验丰富的眼睛在这里可以敏锐发现愚昧和缺乏教养的人所看不出的许多优点。

当称赞一种职业诸如商业或制造业时，难道有什么能比指出这种职业给社会带来的益处是更有说服力的吗？一个僧侣和宗教裁判所的法官，当我们将其阶层看作无用的甚或对人类有害的时候，难道不会勃然大怒吗？

历史学家为展示其劳动所产生的益处而欢欣鼓舞。小说家则淡化或否认归于其写作风格的恶劣后果。

总之，**有用的**这个简单的辞藻包含何等称赞！其相反者包含何等指责！

西塞罗[①]在反对伊壁鸠鲁学派时说，你们的诸神，无论你们可能假定他们赋有什么想象的完美性，都不能正当地声称值得人们的任何崇拜或敬仰。他们完全是无用的和非能动的。甚至你们大加嘲笑的埃及人也从不献祭任何动物，除非由于这个动物本身的效用。

怀疑主义者断言[②]（尽管荒谬地），一切宗教崇拜的起源导源于无生命之物诸如太阳和月亮养育和造福人类这一效用。这一点也被历史学家们认定是杰出英雄和立法者之所以被奉若神明的共同理由[③]。

植树、种田、生儿育女，按照琐罗阿斯特[④]的宗教，都是有价值的行为。

在对于道德性的所有规定中，公共的效用这个因素始终是最受重视的；关于义务的界线的争论，不论发生在哲学中或日常生活中，绝没有什么手段能比全面弄清人类的真正利益更可靠地解决这个问题。如果我们发现任何根据现象而采纳的虚妄意见在流

---

① De Nat. Deor. lib. i. [《神性论》，卷 I。]

② Sext. Emp. adversus Math. Lib. viii. [塞克斯都·恩披里珂：《反对数学家》，卷 VIII。]

③ Diod. Sic. passim. [西西里人狄奥多罗斯（Diodorus Siculus，公元前一世纪希腊历史学家，著有《历史丛书》四十卷。——译者注）：《历史丛书》，散见于各处。]

④ 琐罗阿斯特，Zoroaster，约公元前 628～前 551 年，古代波斯宗教改革家、先知，琐罗阿斯特教或拜火教创始人。——译者注

行，只要更进一步的经验和更健全的推理给予我们关于人类事务的更合理的概念，我们就将收回我们最初的情感，重新调整道德的善和恶的界线。

给予普通乞丐以施舍自然是受称赞的，因为这似乎是救困扶危；但是当我们观察到由此而导致鼓励游手好闲和道德败坏时，我们毋宁将这种施舍行为视为一种弱点而非一种德性。

诛戮暴君，或者说行刺篡位者和暴虐的国王，在古代是受高度颂扬的；因为它既把人类从许多这样的恶魔手中解放出来，又似乎可使另外那些刀剑和惩罚尚不能及的暴君保持敬畏。但是既往的历史和经验使我们深信，这种做法加剧君王们的疑忌和残忍，提莫莱昂[①]们和布鲁图[②]们，尽管由于他们时代的偏见而受到纵容对待，现在却被视为非常不适于效仿的榜样。

君王们的慷慨好施被视为慈善的标志，但是当发生诚实勤劳的人们的日常面包常常因此而变成懒汉浪子们的豪宴这种情况时，我们就立刻收回我们的轻率的赞扬。一位君王因虚度一天光阴而懊悔，这是高尚的和慷慨的；但是倘若他本打算用这一天对他那些贪婪的臣属行慷慨，那么即使那样虚度也比这样滥用时光好。

奢侈，或者说对生活的快乐和便利精益求精，不久前还一直被假定是政府中一切腐败的源泉，是各种派系斗争、叛乱、内战以及自由的彻底沦丧的直接原因。因此，它曾普遍地被视为一种恶行，

① 提莫莱昂，Timoleon，公元前四世纪希腊政治家和将军，曾率领科林斯军队击败叙拉古僭主。——译者注

② 布鲁图，Brutus，古罗马将军，公元前44年主谋刺杀罗马独裁者尤利乌斯·恺撒。——译者注

是一切讽刺作家和严肃道德家慷慨陈词的对象。那些证明或试图证明这样的精益求精其实有助于增进工业、文明和艺术的人，重新调整了我们的**政治的**以及**道德的**情感，将这种从前一直被视为有害的和可谴责的事情表现为值得赞扬的或无害的。

于是总体看来，有一点似乎不可否认，**这就是**，没有什么能比卓越程度的仁爱情感赋予任何一个人类被造物以更多的价值，仁爱情感的价值至少**一部分**来自其促进人类利益和造福人类社会的趋向。我们瞩目于这样一种性格和气质的有益的后果，凡是具有如此有益的作用、促进如此值得追求的目的的东西，我们都投以满意和愉悦的目光。社会性的德性没有其有益的趋向决不会受到重视，它们也决不能被看作无果实的和无效益的。人类的幸福、社会的秩序、家庭的和睦、朋友间的互相支持，总是被看作这些德性无形地统治人们胸怀的结果。

我们应当把社会性的德性的价值的多大**一部分**归于它们的效用[①]，效用这一因素为什么对我们的敬重和赞许具有这样一种控制力[②]，这些问题我们将在后面的探究中进一步予以说明。

---

① 第三章和第四章。

② 第五章。

第三章　论正义

第　一　节

正义是对社会有用的，因而至少其价值的这个**部分**必定起源于这种考虑，要证明这一命题将是一件多余的事情。公共的效用是正义的**惟一**起源，对这一德性的有益后果的反思是其价值的**惟一**基础；这个命题则较令人好奇和重要，将更值得我们考察和探究。

让我们假定，大自然把所有**外在的**便利条件如此慷慨**丰足**地赠予了人类，以致没有任何不确定的事件，也不需我们的任何关怀和勤奋，每一单个人都发现不论他最贪婪的嗜欲能够要求什么或最奢豪的想像力能够希望或欲求什么都会得到充分的满足。我们将假定，他的自然的美胜过一切后天获得的装饰，四季温和的气候使得一切衣服被褥都变成无用的，野生浆果为他提供最美味的食物，清泉为他提供最充足的饮料。不需任何劳心费力的工作，不需耕耘，不需航海。音乐、诗歌和静观构成他惟一的事业，谈话、欢笑和友谊构成他惟一的消遣。

看来不言而喻，在这样一种幸福的状态中，每一种其他社会性的德性都会兴旺发达并获得十倍增长，而正义这一警戒性和防备性的德性则绝不曾被梦想到。因为当人人都富足有余时划分财物有何意义呢？在决不可能有任何伤害的地方为什么产生所有权呢？

在别人占有这个对象、我只需一伸手就可拥有价值相同的另一个时为什么称这个对象为**我的**呢？在那种情况下，正义就是完全无用的，它会成为一种虚设的礼仪，而决不可能出现在德性的目录中。

我们看到，甚至在人类目前这种必需的状况下，无论哪里只要大自然无限丰足地赐予我们任何一种恩惠，我们总是让它为整个人类所共有，而不作任何权利和所有权的划分。水和空气，尽管是一切对象中最必需的，却没有被作为单个人的财产来争取，也没有任何一个人能通过对大自然的这些恩赐的挥霍和享受来行不正义。在土地肥沃广袤而居民稀少的国度，土地受到与此相同的对待。而对那些维护海洋自由的人来说，最经常谈论的话题莫过于在航海中对海洋的使用是取之不尽的。如果通过航海所获得的好处真是无穷无尽的，这些论者就决不曾有予以反驳的论敌，以分裂和割据的方式统治海洋的主张也就决不曾有人提出来。

在某些国家在某些时期，如果土地比居民所能使用的更充裕，而水却很难找到且量非常少，则可能对水而不是对土地确立所有权[①]。

再假定，尽管人类的必需将如目前这样持续下去，而人类的心灵却被如此扩展并如此充满友谊和慷慨，以致人人都极端温情地对待每一个人，像关心自己的利益一样关心同胞的利益；则看来很显然，在这种情况下，正义的用途将被这样一种广博的仁爱所中止，所有权和责任的划分和界线也将绝不被想到。我为什么应当用一种契约或许诺来约束另一个人为我做善行，当我知道他已被他最强烈的爱好所驱使而为我谋求幸福、将自行践履我所欲求的

① 《创世记》，第13章和第21章。

服务,除非他因此受到的伤害大于我所增加的利益?在这种特殊的情况下,他知道,我将出于我天赋的人道和友谊而首先反对他的轻率的慷慨。我为什么应当在我的田地与邻人的田地之间竖立界碑,当我内心未曾对我们之间的利益作出任何划分,而是以仿佛享受出自我自身的欢乐和悲伤一样的力量和活力而分享他的所有欢乐和悲伤?根据这种假定,每一个人都是另一个人的另一个自我,他将把他的所有利益信托给每一个人去自行处理,没有猜忌、没有隔阂、无分彼此。而整个人类将形成单纯一个家庭,在其中一切都属公有,大家自由地使用、无需考虑所有权,但是亦像最密切关怀自己的利益一样留心完全尊重每一个人的必需。

在人类胸怀目前的气质中,要发现如此扩展的感情的完美事例或许将是困难的,但是我们仍然可以观察到,家庭的情形正在向之接近,其中单个人之间的相互的仁爱愈强,它就愈接近,直到单个人之间所有权的所有区别在很大程度上消失和混淆不分为止。在结婚的两人之间,友谊的结合被法律假定为如此牢固,以至于取消财产的所有划分,而这种结合也常常实际具有所归于它的这种力量。我们还可以观察到,在新的热情炽烈期间,当每一条原则都被发挥到过度时,常常试行财物的公有制;而除非人们由于复发的或掩饰的自私性而经验到财物公有制之不便,没有什么能使这些鲁莽的狂信者重新采纳正义的观念和划分所有权的观念。因此,正义这一德性完全从其对人类的交往和社会状态的必需**用途**而派生出其实存,乃是一个真理。

为了使这个真理更加明显,让我们颠倒前述假定,将一切都推到对立的极端,考虑这些新的境况的结果将是什么。假定一个社会陷入所有日常必需品都如此匮乏，以致极度的省俭和勤奋也不能维持使大量的人免于死亡和使整个社会免于极端的苦难的状态中；我相信大家将容易容许，在这样一个紧迫的危急关头，严格的正义法则被中止，而让位于必需和自我保存这些更强烈的动机。覆舟之后，抓住所能抓到的任何救生的手段或工具而不尊重既定的所有权的限制是犯罪吗？或者假如一座被围困的城市正面临饥饿所带来的死亡的威胁，我们能够想象，人们将出于对那些在其他境况下将是公道和正义的规则的拘泥尊重，而眼看着他们面前的任何自我保存的手段、丧失他们的生命吗？正义这一德性的用途和趋向是通过维护社会的秩序而达致幸福和安全；但是当社会即将毁灭于极端的必需时，则没有什么更大的罪恶能使人惧怕而不采取暴力和不正义，此刻人人都可以为自己提供明智所能命令或人道所能许可的一切手段。公众，甚至在必需较不紧迫时，不征得所有者的同意就打开粮仓，因为他们正当地假定执政当局可以根据公道原则而扩展到这样的限度；但是如果任何一群人不顾法律或民事管辖权的约束而集合起来，在一次由强权、甚至暴力所引起的饥荒中均分食粮，将被视为犯罪或伤害吗？

同样假定，一个有德性的人命运乖蹇，陷入一个远离法律和政府保护的匪寇社会中，他在这个令人忧郁的境况中必定接受什么指导呢？他看见到处盛行如此孤注一掷的贪婪的抢掠、如此漠视公道、如此轻蔑秩序、如此愚蠢地盲目不见将来的后果，以至于必定立即具有最悲惨的结局，必定以大部分人毁灭、剩余的人彻底地社会解体而告终。当此之际，他别无他法，惟有武装自己，夺取不论可能属于谁的剑或盾，装备一切自卫和防御的工具，而他对正义的特定的尊重不再对他自己的安全或别人的安全有用，他必须援引独自自我保存的命令，不关怀那些不再值得他关心和注意的人。

甚至在政治社会中，当任何一个人由于犯罪而使自己成为公众谴责的对象时，他也受到法律对其财物和人格的惩罚；就是说，正义的通常的规则对他暂时中止，为了社会的**利益**，对他处以某种他不犯过错或造成伤害便不可能遭受的惩罚就变成公道的。

公共性的战争[①]的狂暴和激烈，除了是正义在那些知觉到这一德性此刻对他们不再具有任何**用途**或好处的交战各方之间的中止，还是什么呢？战争的法则于是接替公道和正义的法则，是人们为他们此刻所处于其中的那个特定状态的**好处**和**效用**而算计的规则。如果一个文明的民族同甚至战争的规则也不遵守的野蛮人作战，前者必定在这些规则不再有助于任何目的时也中止他们对它们的遵守，而且必定使他们对这些最先发动战争的侵略者们的每一次行动或战役尽可能血腥和致命。

因而，公道或正义的规则完全依赖于人们所处的特定的状态和状况，它们的起源和实存归因于对它们的严格规范的遵守给公共所带来的那种效用。在任何值得考虑的环境下，倒换一下人们的状况如：生产或者极端丰足或者极端必需，植根于人类胸怀中的或者是完全的温良和人道，或者是完全的贪婪和恶毒，即通过使正义变成完全**无用的**，则你们由此就完全摧毁它的本质，中止它所加予人类的责任。

社会的通常的境况是居于所有这些极端之间的中间状态。我们自然地偏袒我们自己和我们的朋友，但又有能力懂得一个较公

---

① 公共性的战争（public war）在本书中或许还具有与私人性的战争（private war）和体育性的战争（sportive war）相对应的意义。——译者注

道的行为产生的好处。大自然敞开的慷慨的手给予我们很少的享受，但通过技艺、劳动和勤劳我们又能极其丰足地获取它们。因而，在整个公民社会中，关于所有权的观念就变成必需的，正义就获得其对公众的有用性，并单单由此而产生出其价值和道义责任。

这些结论是如此自然和明显，以致在甚至诗人们对黄金时代或萨图尔努斯[①]统治时期的幸福生活的描绘中也不可能避免。倘若我们相信他们的那些令人愉快的虚构，在大自然的那个最初时期，四季是那样温和，以致人们完全不必为自己准备衣服和住房作为抵御酷暑严寒的保障，河里流着酒和乳，树上长着蜜，大自然自发地生产着她的珍馐美味。这些也并不是那个幸福时代的主要好处。惟独风暴没有从大自然中消除，但是现在引起如此喧嚣、造成如此骚乱的那些较猛烈的风暴却不为人类胸怀所熟悉。贪婪心、野心、残忍、自私性他们从没有听说过，挚爱、怜悯、同情是他们心灵尚认识的惟一活动。甚至**我的**和**你的**这种不容混淆的区别也被排除在那个尘世的幸福种族之外，而与之一道被排除的正是所有权和责任、正义和不正义等概念。

对**黄金时代**的这种**诗意的**虚构在某些方面与对**自然状态**的**哲学的**虚构具有相同的性质，只不过黄金时代被表现为所能想象的最魅人和最太平的状况，而自然状态则被描绘为伴有最极端的必需的相互战争和暴力状态。后者告诉我们，人类最初起源之际，他们的愚昧和野蛮本性那样畅行，以致他们相互之间不能有任何信任，而必须各自依靠自己，依靠自己的力量和狡猾来谋求保存和安全。未听说过法律，不知有正义的规则，不尊重所有权的区别，力

① 萨图尔努斯，古罗马神话中的农神，相传为黄金时代的统治者。——译者注

量是正当与否的惟一标准，一切人反对一切人的没有间断的战争是人们未被驯服的自私性和野蛮性的产物[①]。

---

① 关于自然状态作为一种战争状态的这种虚构，并非像通常想象的那样是由霍布斯先生最先提出的。柏拉图在 de Republica [《论国家》]第 II、III 和 IV 卷中就曾努力反驳一个与它十分相似的假设。反之，西塞罗在下面这段话中则将它假定为确定无疑的和普遍公认的。 * "Quis enim vestrum, judices, ignorat, ita naturam rerum tulisse, ut quodam tempore homines, nondum neque naturali neque civili jure descripto, fusi per agros ac dispersi vagarentur tantumque haberent quantum manu ac viribus, per caedem ac vulnera, aut eripere aut retinere potuissent? Qui igitur primi virtute & consilio praestanti extiterunt, ii perspecto genere humanae docilitatis atque ingenii, dissipatos unum in locum congregarunt, eosque ex feritate illa ad justitiam ac mansuetudinem transduxerunt. Tum res ad communem utilitatem, quas publicas appellamus, tum conventicula hominum, quae postea civitates nominatae sunt, tum domicilia conjuncta, quas urbes dicamus, invento & divino & humano jure, moenibus sepserunt. Atque inter hanc vitam, perpolitam humanitate, & illam immanem, nihil tam interest quam JUS atque VIS. Horum utro uti nolimus, altero est utendum. Vim volumus extingui. Jus valeat necesse est, id est, judicia, quibus omne jus continetur. Judicia displicent, aut nulla sunt. Vis dominetur necesse est. Haec vident omnes. "*Pro Sext*. §. 42. ["各位法官，你们谁不懂得这样揭示事物的本性，即在人们既没有确立自然法、也没有制定民法而在原野上四处漫游的那个时期，他们所拥有的也就是凭借双手和力量、通过杀戮和摧残所能掠夺和保存的呢？因此，那些在德性和谋略方面出类拔萃的人，通过对人类敏慧和聪颖特征的洞察，把分散的人们聚集于一处，使他们脱离野蛮而变得公正和驯良。不仅对我们称之为公共的那种共同效用的事物，而且对我们后来称之为国家的人群集团、对我们称之为城市的毗连居所，他们都用创制法、神法、人法以及城墙保护起来。而在这种文雅的生活与那种粗野的生活之间，最大的分别莫过于**法律**与**力量**。对于这两者，我们不接受一者就必须采纳另一者。我们希望废除力量，法律就必须健全，就是说，审判应当限于整个法律。审判不能令人满意或根本没有审判，力量就必然起支配作用。这是大家有目共睹的。"《为塞克斯都辩》§.42.]

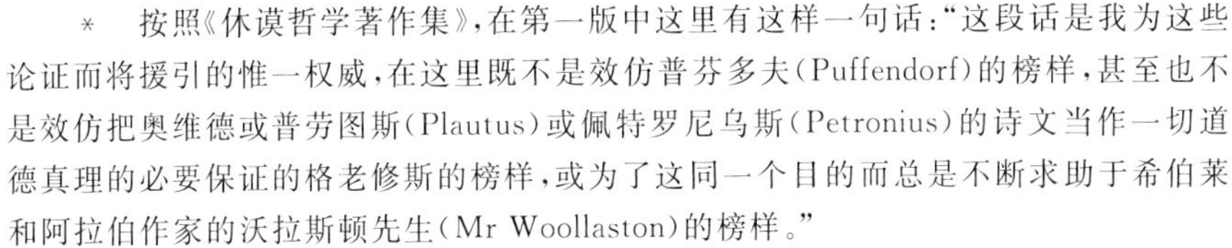

* 按照《休谟哲学著作集》，在第一版中这里有这样一句话："这段话是我为这些论证而将援引的惟一权威，在这里既不是效仿普芬多夫(Puffendorf)的榜样，甚至也不是效仿把奥维德或普劳图斯(Plautus)或佩特罗尼乌斯(Petronius)的诗文当作一切道德真理的必要保证的格老修斯的榜样，或为了这同一个目的而总是不断求助于希伯莱和阿拉伯作家的沃拉斯顿先生(Mr Woollaston)的榜样。"

人类本性的这样一种状况究竟能否实存，或者如果它曾经实存、能否延续那样长久以至于配享**状态**之名，可以有理由受到怀疑。人们至少必须在一个家庭社会(family-society)里出生，并被父母按照一定的行为举止规则加以训练。但是必须承认，如果这样一种相互的战争和暴力状态竟是实在的，那么正义的所有法则，由于绝对的无效用，其中止就是必然的和可靠无误的后果。

我们愈变化我们对于人类生活的观点，我们用以审视它的眼光愈新颖和愈不寻常，我们就将愈深信这里所归于正义这一德性的起源是实在的和令人满意的。

如果有这样一种与人类杂然相处的被造物，它们虽有理性，却在身体和心灵两个方面具有如此低微的力量，以至于没有能力作任何抵抗，对于我们施予的最严重的挑衅也绝不能使我们感受到它们的愤恨的效果；我认为，其必然的后果就是，我们应当受人道的法则的约束而礼待这些被造物，但确切地说不应当受关于它们的正义的任何限制，它们除了拥有如此专擅的君主，也不能拥有任何权利或所有权。我们与它们的交往不能称为社会，社会假定了一定程度的平等，而这里却是一方绝对命令，另一方奴隶般地服从。凡是我们觊觎的东西，他们必须立即拱手放弃；我们的许可是它们用以保持它们的占有物的惟一根据；我们的同情和仁慈是它们用以勒制我们的无法无规的意志的惟一牵制；正如对大自然所如此坚定地确立的一种力量的运用决不产生任何不便一样，正义和所有权的限制如果是完全**无用的**，就绝不会出现在如此不平等的一个联盟中。

这显然就是人类对动物的情形，这些动物在何种程度上可以被认为拥有理性，我把这个问题留给他人去规定。文明的欧洲人对野蛮的印第安人的巨大优越性，诱惑我们想象我们自己对他们立于同样地位，并使我们在对待他们时抛弃正义的一切限制、甚至人道的一切限制。在许多民族中，女性被降低到类似于奴婢的地位，被剥夺任何拥有财产的能力，与她们的高贵的主人相对立。但是在所有国家中，尽管男性当联合起来时都有充分的身体的力量维持这种严厉的专制，然而他们的女伴们的暗送秋波、风度谈吐和迷人魅力，也使得女人们通常都能打破这种联盟，而与男性分享社会的所有权利和特权。

如果人类被大自然构造为各个单个人在其自身之内就拥有为他自身的保存和种族的繁衍两方面所不可缺少的每一种机能，如果人与人之间的整个社会和交往被至高无上的造物主的最初意向所打断，那么看来很显然，如此孤居独处的一个存在物，正如不能有社会性的话语和交谈一样，不能有正义。在相互的尊重和容忍不能有助于任何一种目的时，它们将决不指导任何一个有理性的人的行为。这些激情的急切的涌流将由于不能对其将来后果作出任何反思而受到阻止。由于各个人在此被假定为只爱自己、只依赖于自己和自身的能动性来谋求安全和幸福，因此他将在每一个场合都竭尽全力争取获得优先于每一个其他存在物的权利，在任何一个这些存在物面前，他都既不受自然的纽带、亦不受利益的纽带所束缚。

但是假定两性之间的结合在自然中确立起来，家庭就立即产生；如果某些特定的规则被发现是家庭的存续所不可缺少的，这些规则就立即被接受；尽管这些规则并没有把其余的人类综括入它

们进行规定的范围。假定几个家庭一起结合成一个彻底脱离所有其他家庭的社会，那些维护和平和秩序的规则就扩展到这个社会的范围的极限；但是当这些规则向前更推进一步时，由于它们那时变成完全无用的，就失去它们的力量。但是再假定，几个截然不同的社会为了相互的便利和好处而保持一种交往，则正义的界线就与人们视野的开阔和他们相互联系的力量成正比例而不断扩大。历史、经验和理性充分地教给我们以人类情感的这一自然进程，教给我们以我们对正义的尊重是如何随着我们对这一德性的效用的广泛程度的了解而相应地不断增加着。

第二节

如果我们考察用以指导正义和规定所有权的**特定的**法律，我们仍将得出同一个结论。增进人类的利益是所有这些法律和规章的惟一目的。为了社会的和平和利益，所不可或缺的不单是人们的财产应当被划分，而且是我们作出这种划分所遵循的规则应当是那些最能被发明来进一步为社会的利益服务的规则。

我们将假定，一个拥有理性但并不了解人类本性的被造物暗自思量，正义或所有权的什么规则将最大地增进公共利益、并在人类中确立和平和安全；则他最明显的思想将是，把最大的占有物分配给最广博的德性，给予每一个人以与其爱好相应的行善的力量。在一个由某种无限智慧的存在物通过特定意志活动来统治的完全的神权政治社会中，这条规则将确定无疑地发挥作用，并可以服务于最智慧的意图；但是如果人类想要施行这样一条法律，则既由于这条法律的天然的模糊性，又由于各个单个人的自负，其价值的不确定性就是如此严重，以致决没有任何一条明确的行为规则将由之而产生，而社会的彻底的分崩离析必定是其直接的后果。狂信者可以假定，“统治基于神恩，惟有圣徒才继承世界”[①]；但是民事裁判官[②]十分正当地将这些崇高的理论家与普通强盗予以同等看待，并通过最严厉的惩戒教育他们：一条在思辨中可能看来对社会最有利的规则，在实践中可能发现是完全有害的和毁灭性的。

我们从历史中得知，英格兰内战期间曾有过这种**宗教**狂信者，尽管很可能这些原则的明显的**趋向**激起人类那样的恐怖，以致立即迫使那些危险的狂徒放弃或者至少隐藏他们的信条。或许主张平等分配财产的**平等派**是一种**政治**狂信者，他们来源于宗教狂信者，并比后者更公开地宣扬他们的主张；因为他们的这些主张带有一种更貌似合理的外观，似乎不仅在它们自己是可行的，而且对人类社会是有用的。

诚然，必须承认，大自然对人类是如此慷慨，以致倘若她的全部馈赠在人类中得到平等分配、并得到技艺和勤奋的改进，则每一单个人都会享受一切必需品、甚至绝大部分舒适的生活，他也决不会容易染患任何疾恙，除非它可能偶然起因于他身体的病态的构造和组织。还必须承认，无论哪里我们偏离这种平等，我们就从穷人那里剥夺较之于我们所加予富人的更多的满足；一个单个人的某种无聊的虚荣心的轻微的满足，其耗费往往比许多家庭甚至行

① 此句原文是：Dominion is founded on grace, saints alone inherit the earth。——译者注

② 亦译作推事。——译者注

省的口粮更多。此外还可能看来，平等这一规则，由于它将是非常**有用的**，因而并不是完全**不可行的**，而是已经出现过，至少在某种不完全的程度上，在某些共和国，特别是斯巴达共和国，据说，在斯巴达它产生了最有益的结果。更不用说，罗马经常要求的、希腊许多城邦实施的土地法，它们全都发端于关于这条原则的效用的一般的观念。

但是历史学家而且甚至常识就可以告诉我们，不论这些关于**完全**平等的观念可能看起来多么貌似有理，它们其实在根本上都是**不可行的**；它们若非如此，就会对人类社会是极端**有害的**。假使占有物从来是如此平等，人们的技艺、关怀和勤奋的程度的差异将立即打破这种平等。或者假使你们抑制这些德性，你们将使社会沦为最极端贫困的境地，不是防止一些人免于匮乏和乞讨，而是使之变成整个社会不可避免的现象。为了监视每一种不平等的苗头的出现，最严厉的审查也不可缺少；而为了惩罚和纠正这种不平等，最严格的司法管辖也必不可少。但是且不论如此高度的权威必定立即蜕变为专制并必定受到极其偏私的运用，在诸如这里所假定的这样一种境况中，谁或可拥有这样的权威？占有物的完全平等，由于摧毁一切隶属关系，就极端削弱执政当局的权威，必定把一切权力或力量像所有权一样拉平到近乎同一个水平。

因此我们可以推断，为了确立规范所有权的法律，我们必须了解人的本性和境况，必须摒弃各种虽然貌似有理但却可能虚妄不实的假象，必须寻求那些总体看来最**有用的**和**有益的**规则；只要人们没有向过于自私的热望或过于广博的热情让步，普通的感觉和稍许的经验就足以实现这个目的。

例如，谁不明白，凡是一个人凭技艺或勤奋所创造或改进的东西都应当保证永远为他所拥有，以便鼓励这样的**有用的**习惯和才艺？谁不明白，为了同一个**有用的**目的，这一所有权也应当被传给子嗣和亲属？谁不明白，通过同意，这一所有权还可以被转让，以便产生对人类社会非常**有益的**商业和交往？谁又不明白，一切契约和许诺都应当认真履行，以便保证人类的一般的**利益**借以获得极大增进的相互信任和信赖？

考察一下那些探讨自然法的作者们，你们将总是发现，不论他们从什么原则出发，他们最终都一定终止在这里，都一定将人类的便利和必需性作为他们所确立的每一条规则的终极理由。与各种体系相对立而作出一种让步，较之于实施各种体系时而作出这种让步，有着更大的权威性。

实际上，对于为什么这必须是**我的**、那必须是**你的**，既然未受教化的本性确实从未作出任何这样的区别，这些作者们还能给出什么别的理由吗？获得这些名称的那些对象自行地异在于我们，它们是与我们完全不相联结而相分离的，惟独社会的一般的利益才能形成这种联系。

有时在一种特定的情况下，社会的利益可能要求一条正义的规则，但不能在几条全都同等有益的规则中规定任何特定的规则。在这种情况下，就要紧扣最细微的**类比**，以防止将是无尽无休的纷争之源的不分轩轾和模棱两可。因而，当别无他人提出任何在先的主张和要求时，惟有占有而且首先占有才应当转让所有权。律师们的推理许多都具有这种类比的性质，都依赖于想像力的十分微弱的联系。

在非常情况下，任何一个人都要顾忌侵犯对于单个人的私人所有权的完全尊重，和为了公共的利益而牺牲那为了公共的利益而确立的一种区别吗？民族的安全是至高无上的法律；一切其他特定的法律都隶属于它，依赖于它；如果在事物的**通常**进程中，这些特定的法律受到遵循和尊重，那只是因为公共的安全和利益**通常**要求如此平等和公正的一种管理。

有时**效用**和**类比**两者都失去效力，并使正义的法则陷入彻底的不确定性中。因而，相当不可缺少的是，应当由时效和长期占有来转让所有权；但是应当需要多少天多少月或多少年方满足这个目的，这是理性单独不可能规定的。在这里，**民法**就填补自然**法典**的位置，依照立法者所提议的不同的**效用**而为时效派定不同的期限。根据大多数国家的法律，汇票和期票在时效上短于债券、抵押契据和更正式的契约。

总之，我们可以观察到，一切关于所有权的问题全都服从于民法的权威，民法依照各个社会的特定的**便利**扩展、限制、修改和变更自然正义的规则。这些法律与各个社会的政治制度、习俗、气候、宗教、商业、境况都有或应当有一种恒常的关联。最近一位天才而博学的作者对这个主题进行了详细的研究，并根据这些原则建立了一个政治知识体系，这个体系充满富有创见的卓越思想，而且不乏稳固可靠性。①

① *L'Esprit des Loix*［《论法的精神》］的作者。然而，这位杰出的作者是从一种不同的理论出发的，而且假定一切权利都建立在一定的**联系**（rapports）或关系的基础上；依我之见，这是一个决不会与真正的哲学相一致的体系。就我所知，马勒伯朗士神父是最先提出这种抽象的道德理论的人，这种理论后来为卡德沃斯、克拉克和其他一些人所采纳；由于这种理论排除所有情感，自命将一切都建立在理性的基础上，因而它

"什么是一个人的所有权?"无非是由他、而且惟独由他使用才是合法的任何事物。"但是我们有何规则可使我们把这些对象识别出来?"在这里,我们必须诉诸成文法、习俗、先例、类比以及许许多多其他的因素,它们有些是恒常的和固定不变的,有些是可变的和任意的。但是它们全都公开表明它们的终极目的是人类社会的利益和幸福。如果不考虑这一点,则再没有什么能比关于正义或所有权的所有的或大部分的法律看起来是更古怪、更不自然、甚至更迷信的。

那些嘲笑粗俗迷信、揭露特别注重饮食起居穿着打扮之愚蠢的人无需花费什么气力,当他们考虑这些对象的所有性质和关系,而不能发现那样强有力地影响相当大一部分人类的那种好感和厌恶、敬畏或恐惧的适当原因时。叙利亚人宁愿饿死也不吃鸽子,埃及人不吃咸猪肉;但是这些食物如果用视觉,嗅觉,或味觉等感官

在这个哲学的时代不乏追随者。见第一章和附录一。关于正义,即这里正在探讨的这种德性,反驳这种理论的推论似乎是简短而结论性的。所有权被承认依赖于民法,民法被承认除了社会利益别无目的,因此社会利益必须被承认是所有权和正义的惟一基础。更不用说,我们服从裁判官及其法律这项责任本身除了社会利益之外别无基础。

如果正义的观念有时与民法的意向相左,我们将发现,这些情况不是对上述这种理论的反对,而是对它的证实。在一条民法如此违背常理,以致阻碍一切社会利益的地方,它就失去它的全部权威,人们则根据与那些社会利益相一致的自然正义的观念而进行判断。有时为了有用的目的,民法也要求一种立约的仪式或形式;如果缺少这种仪式或形式,民法的判决就与正义的通常要旨相背驰;但是一个利用这种诡计的人通常不被视为一个诚实的人。因而,社会利益要求契约应当受到履行,而且不论在自然正义中或在公民正义中都没有比这一要求更具实质性的条款;但是对一个微不足道的因素的忽略往往在法律上使一个契约 in foro humano [从世俗上讲],而非像牧师们所说的那样 in foro conscientiae [从良心上讲]无效。在这些情况下,裁判官只应当收回他施行这种权利的权力,而不应当变更这种权利。在他的意图扩及这种权利、并与社会利益相一致时,要变更这种权利是决不会失败的;这是对前面所认定的正义的起源和所有权的起源的一个清楚的证明。

加以检验，或者用化学，医学，或物理学等科学加以研究，在它们和任何其他种类的食物之间将找不出任何差异，也不能选定那可以为这种宗教激情提供合理基础的确切因素。家禽在星期四是合法的食物，在星期五却是可恶的；大斋期间在这一家和在这一教区食用鸡蛋是容许的，在百步开外却是一件该诅咒的罪恶。这块地或这幢建筑昨天是亵渎神灵的，今天通过念叨一定语词却变成圣洁的和神圣的。人们可以满有把握地说，诸如这些出自哲学家之口的反思是太明显的、不具有任何影响力，因为它们必定总是每个人乍一看到就出现的，而在它们没有自发流行起来的地方，它们一定是受教育、偏见和激情所阻碍，而不是受愚昧无知或误解所阻碍的。

看来可能有一种粗疏的看法或者毋宁说一种太不经心的反思，认为有一种类似的迷信进入了对于正义的所有情感中，如果一个人让正义的对象或我们称之为所有权的东西面临感官和科学的同样检验，他通过最精确的研究也不会为道德情感所造成的差异找到任何基础。我可以合法地由这棵树来滋养我自己；但十步开外另一棵同样种类的树上的果实，我碰一碰就是犯罪。如果一小时以前我穿上这件衣服，我理应受到最严厉的惩罚；但一个人通过发出一些富有魔力的音节，现在就使它适合于我的用途和服务。如果这幢房屋位于邻人的领地上，我居住它就是不道德的；但如果它建筑在河的此岸，它就隶属于另一种不同的国内法，而我将它变成我的则不招致任何谴责或非难。有人可能认为，那非常成功地揭露了迷信的同一个推理也可以适用于正义，从正义的对象中指出正义这一情感赖以为基础的那个确切的品质或因素也并不比从迷信的对象中指出迷信这一情感赖以为基础的那个确切的品质或因素具有更大的可能性。

但是在**迷信**和**正义**之间存在这种实质性的差异，即，前者是无聊的、无用的和累赘的，后者是人类的福利和社会的实存绝对不可缺少的。当我们抽掉这个因素时（因为它是太明显而决不可能被忽略的），必须承认，所有对于权利和所有权的尊重就似乎是完全没有基础的，正如最粗鄙和最粗俗的迷信那样。如果我们毫不关心社会的利益，我们就不可理解为什么另一个人清晰发出的一定的蕴含着同意的声音竟会改变我对于某个特定对象的行动的性质，正如不可理解为什么一个牧师以一定的习惯和姿势做出的一次礼拜吟诵竟会奉献一堆砖木，并使之自那以后直至永远都是神圣的一样①。

① 显然，单凭意愿或同意决不能转移所有权，也决不能引起对许诺的责任（因为同一个推理可以扩展适用于这两者），但是为了给人以约束，意愿必须通过话语（words）或符号（signs）表达出来。这种表达一旦作为意愿的辅件被引入，就立即变成许诺的主体；也没有人不愿受自己的话语所约束，尽管他暗自给予他的意图以一种不同的指引，并收回他的心灵的同意。但是，虽然这种表达在大多数场合构成许诺的全部，然而并非总是如此；一个利用某种他不知其意义，且使用时也不明其后果的表达的人，肯定不会受这种表达所约束。不但如此，尽管他知道其意义，然而如果他只是用它来开玩笑，并以非常明显的符号来表示他没有严肃打算约束他自己，他也不会承担任何履行的责任；但是当没有任何相反的符号时，那些话语是意愿的完全的表达，则是必然的。不但如此，甚至我们不必将此推到那样遥远，以至于想象，我们根据我们敏捷的知性从一定符号猜测出其有欺骗意向的一个人，是不受其表达或口头许诺约束的，倘若我们接受它的话；我们只需将这个结论限制在这些情况下，即那些符号与欺骗的符号有不同的性质。所有这些矛盾，如果正义完全起源于它对社会的有用性，都将容易得到说明；而根据任何其他的假设，都将决不能得到解释。

值得注意的是，**耶稣会士**和其他随心所欲的诡辩家的道德决定，通常是在从事诸如这里指出的那种玄奥的推论中形成的，它们出自他们经院派式的咬文嚼字的习惯与出自他们内心的任何腐败一样多，如果我们可以遵从培尔先生的权威的话。见他的《辞典》“罗耀拉”条[按：培尔，Pierre Bayle，1647～1706 年，这里的《辞典》系指其《历史批判辞典》（1695～1697）；罗耀拉，Loyola，1491～1556 年，耶稣会创始人。——译者]。

这些反思决没有削弱正义的责任，或者说决没有减少所给予所有权的任何最神圣的注意。相反，这样一些情感必定从目前这个推论中获得新的力量。因为对于任何一种义务，除了观察到倘若它不确立，人类社会甚至人类本性就不能存续，而给予它的尊重愈不可侵犯，人类社会甚至人类本性就将达到愈大程度的幸福和完满，我们还能为之欲求或设想什么更稳固的基础呢？

[①]这个两难困境似乎是显而易见的：由于正义明显地趋向于促进公共效用和维持公民社会，因而正义这一情感或者导源于我们对这一趋向的反思，或者像饥渴和其他嗜欲、怨恨、对生命的热爱、对子女的眷恋以及其他激情那样起源于大自然为了同样有益的目的而在人类胸怀中植入的一种简单的原始的本能。倘若后者乃是事实，结论就是，所有权，亦即正义的对象，也是由一种简单的原

为什么人类对这些诡辩家有着那样高度的义愤，难道不是因为人人都觉察到，如果这样的做法得到认可，人类社会就不能生存，都觉察到道德必须始终着眼于公共的利益而非哲学的一致性而加以探讨吗？如果每一个理智健全的人都认为对意图的暗自指引能使契约失去效力，我们的安全何在？然而一个经院哲学家可能认为，当一个意图应当是必不可少的时候，如果这个意图其实并没有出现，则就没有后果应当发生，没有责任应当被加予。这种诡辩家式的玄奥可能不比上述提到的律师式的玄奥更严重，但由于前者是**有害的**，后者是**无害的**甚至**必需的**，这就是它们之受世人完全不同对待的理由。

罗马教会的一条教义认为，牧师通过对其意图的暗自导向可以使任何誓言无效。这种见解导源于对以下这条明显真理的严格而又规范的实行，即：空洞的话语，如果在说话者那里没有任何意义或意图，单独决不能产生任何结果。如果这同一个结论在关于公民契约——那儿的事务被承认远没有众生的永恒得救重要——的推理中没有得到承认，则完全因为人们对罗马教会的那条教义感到危险和不便；我们由此可以观察到，任何迷信，不论可能显得多么绝对、多么傲慢、多么武断，都决不能传达出关于其对象的实在性的任何有彻底说服力的信念，或将这些对象与我们从日常观察和实验推理中所获知的日常生活事件在任何程度上等量齐观。[《休谟哲学著作集》注：最后这个自然段在第一版中阙如。]

① 《休谟哲学著作集》注：由此以下直到本章结尾，第一版阙如。

始的本能来区分，而非由任何论证或反思来辨明的。但是有谁曾听说过这样一种本能？或者难道这是一个能够作出新发现的主题吗？我们最好还是期望在我们身体中发现一些从前逃过了所有人类的观察的新官能。

但是更进一步地，大自然通过一种本能性的情感来区分所有权，尽管这似乎是一个十分简单的命题，然而实际上我们将发现，为了那个目的，要求有上万种不同的本能，而且这些本能还要被运用于各种最复杂和最难辨识的对象上。因为当我们要求一个关于**所有权**的定义时，我们发现，那种关系自身分解成通过占领、通过勤劳、通过时效、通过继承、通过契约等等而获得的任何一种占有物。我们能设想大自然通过一种原始的本能而教给我们以所有这些获得方法吗？

继承和契约这些语词也意味着无限复杂的观念，要准确地界定它们，成百卷的法律、上千卷的诠释都发觉不够。难道在人身上植入全都如此简单的本能的大自然，包括如此复杂和精巧的对象，并创造出一个有理性的被造物而又不将任何事物信托于其理性去处理吗？

但是即使我们承认所有这一切，它也不会是令人满意的。实证法当然可以转移所有权。难道正是通过另一种原始的本能，我们才承认国王和议会的权威，并标明他们的权限的所有界线吗？对于法官们，即使他们的判决是错误的和非法的，为和平和秩序故，他们也必须被承认具有决定的权威，最终规定所有权。难道我们有关于法官、大法官和陪审团的原始的天赋的观念吗？谁看不出所有这些制度都单纯起源于人类社会的必需性呢？

一切相同种类的鸟在所有时代和国度都将它们的巢筑成相同的；在此我们看出本能的力量。不同时代和地方的人们都将他们的屋建成不同的；在此我们知觉理性和习俗的影响。通过比较生殖本能和所有权制度，我们可以得出同样的推断。

必须承认，国内法的变化不论多么巨大，它们的主要框架都是相当规范地共同发生作用的，因为它们所要达到的目的到处都是完全相似的。同样，凡房屋皆有顶有壁、有窗有囱，尽管其形状、外观和材料各式各样。后者[房屋]的目的以人类生活的便利为指向，明显地从理性和反思中发现它们的起源，那些全都指向一个相同的目标的前者[国内法]的目的，与后者的目的完全同样明显地从理性和反思中发现它们的起源。

我不必提及所有权的各种规则由于想像力的较微妙的倾向和联结、由于法律论题和推理的玄奥和抽象而发生的各种变化。在这样一种观察和原始本能这个概念之间没有任何调和的可能性。

对于我所坚持的理论，将为它招来怀疑的惟独是教育和后天获得的习惯的影响，由于这种影响，我们如此习惯于谴责不正义，以致我们并不是在每一个事例中都自觉去立即反思它的有害的后果。正是由于这个原因，我们才容易熟视而无睹，同样才容易积习而因循，而不是在每一个场合都回想那曾第一次规定过我们的反思。导向正义的那种便利或者毋宁说那种必需性，是如此普遍，处处都如此指向同一些规则，以致这种习惯出现在所有社会中；不经过某种详细的研究，我们就不能确断它的真正的起源。然而，事情也不是那样晦暗不明，而是甚至在日常生活中我们时时刻刻都在诉诸公共的效用这条原则，并且问着“如果这样的做法盛行，世界还能成其为世界？社会怎能在这样混乱的状况下生存？”如果占有物的区别或划分是完全无用的，任何人竟能设想出它应当通行于社会吗？

因此，总体上，我们似乎已经认识到这里所坚持的这条原则的力量，能够确定对公共利益和效用的反思可以产生什么程度的敬重或道德赞许。正义对于维持社会的必需性是正义这一德性的惟一基础；既然没有什么道德优点是受更高敬重的，因此我们可以推断，一般而言，有用性这个因素具有最强大的效能，最完全地控制着我们的情感。因此，它必定是相当大一部分可归于人道、仁爱、友谊、公共精神以及其他这类社会性的德性的价值的源泉，正如它是给予忠实、正义、诚实、正直以及其他那些可敬的和有用的品质和原则的道德赞许的惟一源泉一样。任何一条原则一经发现在某个事例中具有某种巨大的力量和效能，将所有相似事例中一种与之相同的效能就都归之于它，不仅完全合乎哲学的规则，而且甚至合乎日常理性的规则。这其实就是牛顿进行哲学推理的主要规则①。

① Principia，Lib. iii.［牛顿：《自然哲学之数学原理》，卷 III。］

第四章　论政治社会

假如人人都有充足的**睿智**时时刻刻知觉那种约束他遵奉正义和公道的强大的利益，都有足够的**心灵的力量**坚定不移地坚持一种一般的和长远的利益，以抵御当前的快乐和好处的诱惑；在那种情况下，就决不会有任何诸如政府或政治社会之类的事物，而每个人则顺乎其天然的自由，与所有其他人完全和平与和谐地生活在一起。在自然的正义自行就是一种充分的约束力的地方，需要什么成文法呢？在从未出现任何混乱或不公的地方，为什么封设裁判官呢？当我们的天赋的自由在任何场合的最大限度的发挥都被发现是无害的和有益的时，为什么剥夺它呢？很显然，如果政府是完全无用的，它就决不可能产生，**忠诚**这项义务的惟一基础就是它通过维持人类的和平和秩序而为社会所争得的**好处**。

当众多的政治社会建立起来，并一起保持广泛的交往时，一套新的规则就立即被发现是在那种特定的境况中**有用的**，于是相应地便以**国际法**之名而出现。属于此类的规则有：使节人格的神圣不可侵犯、禁止有毒武器、宽待战俘以及其他明显出于为诸邦国和王国在相互交往中的**好处**而算计的规则。

正义的种种规则，正如在单个人之间所盛行那样，在各个政治社会之间也不完全是一纸空文。君王们全都自称尊重其他君王的权利，无疑他们中有些人并不伪善。独立国家之间日日都在建立联盟、缔结条约，如果根据经验发现这些联盟和条约并没有**某种**效力和权威，它们就不过是大量浪费羊皮纸而已。但是王国与单个人之间的差异正在于此。没有单个人之间的联结，人类本性决不可能存续；而不尊重公道和正义的法则，单个人之间的联结又绝不可能发生。混乱，骚动，一切人对一切人的战争，就是那样一种无视法则的行为的必然后果。但是国家没有交往却能维持其生存。它们甚至在某种程度上可以维持生存于一种全面的战争状态之下。遵奉正义，虽然在它们之间是有用的，却并不受单个人之间那样一种强烈的必需性所维护；其**道义责任**与其**有用性**保持正比。所有政治家以及大多数哲学家都将准许，在特定的紧急关头，为国家故可以废除正义的规则，使任何条约或联盟失去其效力，倘若严格遵守它就会在相当大程度上有损缔盟双方的话。但是他们承认，能够为单个人的毁约或其对他人财产的侵犯辩护的则惟有最极端的必需性。

在同盟性质的共和国诸如古代的阿开亚共和国[①]或现代的瑞士联省共和国[②]中，由于同盟在此具有一种特别的**效用**，结盟条款就具有一种特别的神圣性和权威性，违背这些条款就被视为丝毫不亚于任何私人的伤害或不正义，甚至比之更罪大恶重。

人的漫长而无依无靠的幼年要求父母双亲为了其幼儿的生存而相结合，这种结合要求贞洁或忠实于婚床这种德性。人们将容易承认，没有这样一种**效用**，这样一种德性就决不会被人们所想

① 古希腊公元前三世纪时由十个阿开亚城邦建立的联盟组织。——译者注

② 十六世纪以来由十三个州（省）、十个附属地区形成的松散的瑞士联盟体制，名义上属于神圣罗马帝国。——译者注

到[①]。

在这方面，**女人**的不忠是比**男人**的不忠更**有害的**。因而贞洁的法律对女性比对男性是更严格的。

这些规则全都和生育有关；可是超过育龄的妇女较之于那些青春美貌正处花季的少女，毫不被认为是这些规则所豁免的。**一般的规则**常常被扩展到超出于它们最初由以产生的那条原则；这在一切趣味和情感问题上都有发生。巴黎有一个流行的传说：在密西西比[②]暴涨期间，一个驼背的人每天都到证券交易者云集的

① 柏拉图对所有那些可能反对他在其想象的共和国中建立共妻制的人所提出的惟一解释是：Καλλιστα γαρ δη τουτο και λεγεται και λελεξεται，οτι το μεν ωφελιμον καλον，το δε βλαβερον αισχρον. *Scite enim istud et dicitur et dicetur*，*Id quod utile sit honestum esse*，*quod autem inutile sit turpe esse*. De Rep. lib. v，p. 457. ex edit. Ser. [拉丁文与希腊文同义："须知'有用的则美，有害的则丑'这句话现在是名言，将来也是名言。"《理想国》，卷V，第457页，引自Serranus版。（参见汉译本，郭斌和、张竹明译，商务印书馆1986年版，第190页。）]就公共的效用——柏拉图所指正是此意——而论，这条格言不容怀疑。事实上，一切关于贞洁和端庄的观念难道还有什么别的旨趣吗？斐德罗说：*Nisi utile est quod facimus*，*frustra est gloria*.["除非我们所做的是有用的，否则努力便是徒劳。"《伊索寓言》，卷Ⅲ。]普鲁塔克在*de vitioso pudore* [《论伪端庄》]中说：Καλον των βλαβερων ουδεν. *Nihil eorum quae damnosa sunt*，*pulchrum est*. [拉丁文与希腊文同义："有害的事物无一为美。"]斯多亚派的观点也是这样。Φασιν ουν οι Στωικοι αγαθον ειναι ωφελειαν η ουχ ετεραν ωφελειας，ωφελειαν μεν λεγοντες την αρετην και την σπουδαιαν πραξιν. ["斯多亚派的人讲，善即有用，或者说不是别的形式的有用、而是德性和美好的行为。"]Sext. Emp. [Selby-Bigge版误为Sept. Emp.] lib. iii. cap. 20. [塞克斯都·恩披里珂：《皮浪主义纲要》，卷III，第20章。]

② "密西西比"是指苏格兰人、货币改革家约翰·劳（John Law，1671～1729年）在法国创办的"西方公司"（后改名"印度公司"）所发行的股票，它旨在实施开发法属北美密西西比河流域辽阔领地的计划。由于传来路易斯安那发现大量黄金和白银的消息，该股票很快成为人们争相抢购的热门货。在1719～1720年间的短短几个月内，每股本金仅500锂的股票卖到1.8万锂，增长近36倍。这种投机活动未几便导致公司垮台，国家银行倒闭。——译者注

Rue de Quincempoix［堪康布瓦街］，让他们以其驼背作书案签署契约，自己因此获酬甚丰。尽管必须承认，个人的美很大程度上来自关于效用的观念，但是他通过这一权宜之策所增加的财富能使他变得英俊漂亮吗？想像力是受观念的联结影响的；这些联结虽然最初产生于判断力，却并不容易被我们面前出现的每一个特定的例外所改变。在此贞洁事例中，我们可以补充说，老人的榜样会有害于青年，女人在不断预见一定时期也许会给她们带来放纵的自由时，将自然地促进那个时期的到来，并更加轻率地看待这一如此为社会所必不可少的整个义务。

那些生活在同一家庭里的人具有如此频繁的这类放纵的机会，以致只要法律和习俗在这些最亲近的关系中允许婚配或认可他们之间任何爱的交合，那就再没有什么能够维持作风的纯洁。因此，**乱伦**由于是高度**有害的**，也就被赋予一种高度的堕落和道德的丑。

根据雅典的法律，一个男子可以娶一个同父异母的姊妹为妻，但不能娶一个同母异父的姊妹为妻，理由何在？显然在于，雅典人的作风是如此保守拘谨，以致男人决不许接近女人的房间，即使在同一家庭里，除非拜见自己的母亲。继母和继母的女儿完全如同任何其他家庭的女人一样被同他隔离开来，他也同样少有任何与她们通奸的危险。由于相同的理由，在雅典，叔父和侄女可以结婚；而在两性交往更加开放的罗马，不但叔父和侄女之间[①]，而且

① 休谟这里的说法并不准确。在古罗马，最初的确没有叔父和侄女通婚的习俗和先例，但后来为了解决克劳狄乌斯皇帝与其侄女阿格里披娜结婚之事，元老院公布了一项法令，宣布叔父和侄女之间的婚姻合法。这种方式的婚姻后来亦有人仿效。参见塔西佗：《编年史》，卷XII。——译者注

同父异母或同母异父的兄弟姊妹之间，都不能缔结婚姻。公共的效用是所有这些变化的原因。

为了损害一个人而将他私人谈话中无意泄露的任何东西宣扬出去，或对他的私人信件作任何这样的利用，是受严厉谴责的。在这样一些忠实的规则没有确立起来的地方，心灵之间自由的和社会性的交往必定受到极大妨碍。

甚至在复述我们能够预见其没有恶劣后果的故事时说出故事的作者，也被视为一件不审慎的事，如若不被视为一件不道德的事的话。这些故事经过一道道传播和通常的改变，经常转向有关当事人，从而在那些意图最单纯最无冒犯性的人们当中引起怨恨和争吵。

刺探秘密，拆阅他人的信件，窃听他人的谈话，窥察他人的表情，跟踪他人的行动，在社会中还有什么更不便的习惯吗？相应地，还有什么更可谴责的习惯吗？

这条原则也是良好作风的大多数法则的基础，良好作风是为交际和谈话的舒适而算计的一种较小的道德性。礼数过多和过少两者都是受责备的，一切促进舒适而不失礼节的东西都是有用的和可称许的。

对友谊、依恋和亲昵保持坚贞是值得称颂的，也是维持社会中的信赖和良好交往不可缺少的。但是在人们为了追求健康和快乐而不分男女老少地聚集起来的一般的然而不拘礼仪的聚会场合，公共的便利就免除这一准则，习俗就在那儿通过放纵对每一个不感兴趣的熟人置而不理的特权，暂时地促进一种无拘无束的交往，而不破坏礼仪或良好作风。

甚至建立在最不道德、对一般社会的利益最具毁灭性的原则之上的那些社会，其中也需要一定的规则，它们既通过私人利益、也通过虚假荣誉而约束每一个成员去遵奉。人们经常注意到，匪寇和海盗如果不在其内部建立一种新的分配正义，不恢复他们对其余人类已经侵犯的那些公道法则，他们就不可能维持他们的有害的联盟。

希腊格言云：我讨厌那种什么都挂在心上的酒伴。上一次放荡的愚行应当永远抛之于脑后，以便为下一次放荡的愚行留下充分的地盘。

在有些民族中，一件不道德的风流韵事如果披上一层神秘的薄纱，在某种程度上就被习俗所认可，在那里随即就出现一套为这种恋情的便利而算计的规则。从前普罗旺斯的著名的爱情法庭或法院就裁决所有这种性质的疑难案件。

在娱乐社会中，有许多为比赛所要求的法则，而且赛事不同，法则各异。我认为，这样的社会的基础是轻浮的，在很大程度上，尽管不是完全地，其法则是变化不定的和任意的。就此而论，在这些法则与正义、忠实和忠诚等的那些规则之间存在一种实质性的差异。人们的一般的社会是人类种族的生存绝对不可缺少的，规范道德的那种公共的便利不可动摇地建立在人的本性，和人生活于其中的世界的本性中。因此，对这两方面的比较是很不完善的。从这个比较中我们只能懂得，不论人们相互之间在哪里发生交往，规则都是必需的。

没有规则，人们甚至不能在道路上相互通过。赶大车的人、载客的马车夫和小马车驭手，有他们自己的一些相互让道的原则；这些原则主要基于相互的舒适和便利。有时它们也是任意的，至少像律师们的许多推理一样依赖于一种任性的类比。[①]

为把这个问题更推进一步，我们还可以观察到，没有法规、准则和一种关于正义和荣誉的观念，人们甚至连相互残杀也不可能。战争同和平一样有其自身的法则；即便摔跤手、拳击手、斗棍士、斗剑士们所进行的体育性的战争，也都是受确定的原则所规范的。共同的利益和效用在这些当事各方之间可靠无误地形成一种正当和不正当的标准。

① 轻型车让于重型车，在同型车辆中空车让于负载的车；这条规则基于便利。入都者不为出都者让道；这似乎基于某种关于这个伟大城市的尊严的观念和某种关于未来优先于过去的观念。根据类似的理由，在步行者当中，右侧行走使人有资格走好路，并防止令平和的人们觉得非常不快和不便的挤撞。

第五章　效用为什么使人快乐

第　一　节

把我们所赋予社会性的德性的称赞归因于它们的效用，这似乎是如此自然的想法，以致人们会期望在道德作家们那里到处碰见这条原则，作为他们推理和探究的主要基础。在日常生活中，我们可以观察到，效用这个因素总是被求助着；我们也可以设想，所能给予任何一个人的最伟大的颂扬莫过于展示他对公众的有用性，列举他对人类和社会作出的贡献。甚至一种无生命的形式，如果其各部分的规则性和优雅性并不破坏其对任何有用的目的的适合性，将受到何等称赞！任何失调的比例或外表的丑陋，如果我们能够表明这个特定的构造对我们所意向的用途的必需性，为它辩护又将是何等令人满意！对于一位艺术家或一个善于航海的人，一艘船，船头比船尾宽阔高大，较之于如果被精确地按照几何学的规则、违背力学的一切法则而建造出来，将显得更美。一幢建筑物，如果其门窗是精确的正方形，将由于那种比例而伤害人的眼睛，因为它不完全适合于所意图服务的人类被造物的形象。于是，一个其习惯和行为于社会有害、于每一个与他有交往的人有危险或危害的人，应当因此而成为责难的对象，并传达给每一位旁观者以最强烈的厌恶和憎恨的情感，有什么

奇怪呢[①]。

但是或许在说明有用性或其反面的这些结果方面的困难，一直迫使哲学家们拒绝将它们纳入他们的伦理学体系中，而且诱使他们在解释道德的善和恶的起源时宁可运用任何其他的原则。但是对于任何一条被经验所证实的原则，我们不能对它的起源给予令人满意的说明、也不能将它分解成其他更一般的原则，并不是对它加以拒绝的正当理由。如果我们想要思考一番目前这个主题，我们就必须完全说明效用的影响，并将这种影响从人类本性中最著名最公认的原则推演出来。

根据社会性的德性的这种显而易见的有用性，古代的和现代的怀疑主义者都毫不费力地推断，一切道德区别都起源于教育，是通过政治家们的诡计首先发明出来、而后鼓励起来的，为的是使人们驯顺和抑制他们那种使他们不能适应于社会的天然的残暴性和自私性。诚然，必须承认，训导和教育这条原则具有极其强大的影响

① 我们不应当想象，因为一个无生命的对象可以像人一样是有用的，因此按照这个体系它也应当配享“有德性的”这个名称。在这两种情况中，由效用所激起的情感是相当不同的；其中一者混合着好感、敬重、赞许等，另一者则不然。同样，一个无生命的对象可以像人的形体一样有美丽的颜色和和谐的比例。但是我们竟能对之发生爱情吗？有许多种激情和情感，思维的理性存在物由于大自然的原始构造而是它们惟一适当的对象；尽管同样这些品质或性质能够被转移至无感觉无生命的存在物，然而它们将激不起同样一些情感。药草和矿泉水的有益的性质固然有时被称为它们的“德性”[译者按：virtue一词有多种含义，既指德性、优点，也指功效、效验等]，但这是语言变化无常的结果，语言的这种变化无常在推理中应当不予考虑。因为尽管甚至无生命的对象，当它们是有益的时，也有一种赞许相伴随着，然而这种情感是那样微弱，而且那样不同于指向仁慈的执政官或政治家的情感，以致它们不应当被划归于同一个种类或名称之下。

甚至当对象的性质保持同一不变时，对象的非常微小的变化也会毁灭一种情感。因此，同一种美，转移至异性，就激不起任何性爱的激情，当本性没有变得极端反常时。

力，它常常可以凌驾于他们的自然标准之上而增进或减弱他们的赞许或厌恶的情感，而且在特定事例中甚至可以无需任何自然原则就创造一种新的这种性质的情感，这在一切迷信活动和仪式中都是显而易见的；但是，说**一切**道德的好感或厌恶都产生于这个起源，却一定不会被任何一个明智的探究者所承认。如果大自然没有基于心灵的原始构造而作出任何这样的区别，那么“光荣的”和“耻辱的”、“可爱的”和“可憎的”、“高尚的”和“卑鄙的”这些词语就决不会出现在任何一种语言中；如果政治家们发明了这些术语，他们也决不可能使它们得到理解，或使它们传达给听众以任何观念。因此，再没有什么是比怀疑主义者的这一不通之论更肤浅的；如果在逻辑学和形而上学这些较玄奥的研究中，我们也能像在政治学和道德学这些实践性的和较浅显的科学中一样容易地消除这个学派的吹毛求疵，那就好了。

因此，必须承认，社会性的德性具有一种自然的美和亲切，这种自然的美和亲切最初先于一切训导或教育，把这些社会性的德性推荐给未受教化的人类的敬重，并博得他们的好感。由于这些社会性的德性的公共效用是它们由以派生出它们的价值的主要因素，因而，它们所趋向于促进的目的必定是某种令我们感到愉快的方式，必定抓住我们的某种自然的感情。这个目的必定或者出于对自我利益的考虑，或者出于更慷慨的动机和考虑而使人快乐。

人们经常断言，由于人人都同社会有着牢固的联系，都觉察到自己不可能独自生存，因此，他们才变得赞成所有那些促进社会秩序、保证他们平静拥有那样可贵的赐福的习惯或原则。我们在何种程度上重视我们自身的幸福和福利，我们就必定在何种程度上欢呼正义和人道的实践，惟有通过这种实践，社会的联盟才能得到维持，每一个人才能收获相互保护和援助的果实。

这个根据自爱或对私人利益的尊重而作出的道德演绎是一种清楚明白的思想，完全不是产生于怀疑主义者不负责任的俏皮话和嬉闹式的攻击。且不说别人，古代最严肃、最明智、也最道德的作家之一波里比阿[1]，也认为我们的所有德性情感全都起源于这种自私性[2]。但是尽管这位作家的稳健的实践感和他对一切徒劳无益的玄奥东西的厌恶使他对目前这个主题有着相当重大的权威性，然而这并不是一件由权威来决定的事情，大自然和经验的声音似乎明显地反对这种自私论。

我们常常把称赞赋予十分久远的时代和十分遥远的国度所发生的有德性的行动，而在那里我们的极端精巧的想像力也不能发现任何自我利益的表现，或找到我们当前的幸福和安全与这些距离我们如此久远的事件之间的任何联系。

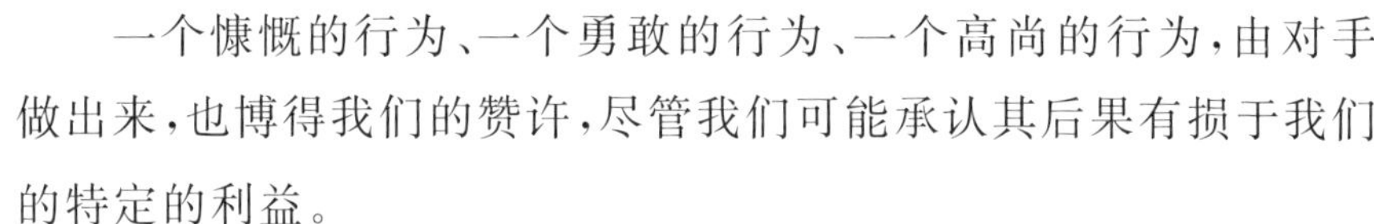

一个慷慨的行为、一个勇敢的行为、一个高尚的行为，由对手做出来，也博得我们的赞许，尽管我们可能承认其后果有损于我们的特定的利益。

---

① 波里比阿，Polybius，约公元前204～前122年，古希腊历史学家，著有《历史》四十卷。——译者注

② 对父母不孝顺是人类所不赞成的，προορωμενους το μελλον，και συλλογιζομενους οτι το παραπλησιον εκαστοις αυτων συγκυρησει. [看看将来就会明白，类似的事情将落到他们每一个人头上。]因为同样的理由，忘恩负义（尽管他在那里似乎混合着一种更慷慨的考虑）συναγανακτουντας μεν τω πελας，αναφεροντας δ’ επ’ αυτους το παραπλησιον，εξ ων υπογιγνεται τις εννοια παρεκαστω της του καθηκοντος δυναμεως και θεωριας. Lib. vi. cap. 4 (ed. Gronovius). [使人类为阴郁的心情所困扰，怕给他们带来相类似的东西，由此就产生出每一个人对其周围所能遭遇和所能看见的事物的某种思考。波里比阿：《历史》，卷VI，第4章（Gronovius编）。]或许这位历史学家只是表明，我们的同情和人道在较大程度上是经由我们考虑我们的情形与那个遭受痛苦的人的情形相似而激发出来的；这种考虑是一种正当的情感。

当私人的好处与对德性的一般的好感相一致时，我们很容易知觉并承认这些在心灵中具有迥然不同感受和影响的截然分明的情感混合着。当慷慨的人道的行动有益于我们的特定的利益时，我们或许更乐意于称赞之，但是我们所坚持的称赞的主题在这个因素方面有着很大的灵活性。我们可以无需努力使他人相信，他们能够从我们所推荐给他们的赞许和称赞的那些行动中获得任何好处，就尝试使他们具有我们的情感。

塑造一个由所有最可亲的道德德性所组成的值得称赞的性格的楷模，给出一些这些德性以某种杰出的和卓越的方式而显现出来的事例，你们将很容易博得你们所有听众的敬重和赞许，他们则将决不打听那个拥有这些高贵的品质的人生活在什么时代和什么国度，而这，正是所有因素中，对自爱或对我们自身个人幸福的关怀最具实质性的一个因素。

从前有一位政治家，在党派斗争中具有如此强大的优势，竟至于凭其雄辩就使一位卓有才能的对手遭流放；对这位对手他私下地给予关怀，在他流放期间为他提供金钱维持生计，在他遭遇不幸时用宽慰的话语安慰他。“唉！”这位被流放的政治家感叹道，“在这个连敌人都如此慷慨的城邦，我离开这里的朋友们该有多么遗憾啊！”在这里，德性，尽管在敌人身上，也使他感到快乐；而我们也给予它正当的称赞和赞许的颂词，当我们听说这个行动发生在大约两千年前的雅典，那两个人的名字叫埃斯西勒斯[1]和德摩斯替

① 埃斯西勒斯，Æschines，公元前389～前314年，雅典政治家、演说家和苏格拉底派哲学家。——译者注

尼时，我们也不收回这些情感。

“那与我有什么关系？”这个问题不是中肯的场合很少；如果它具有所设想的那种普遍而又确实可靠的影响，它将使包含对人和作风的任何称赞或责难的所有文章和几乎所有谈话都变成笑柄。

当迫于这些事实和论证，就说我们通过想像力的力量把我们自己送到久远的时代和遥远的国度，考虑如果我们是那个时代的人并与那些人物有任何交往、则我们从这些性格所应获得的好处，这不过是一种软弱的遁词。不可能设想，一种**实在的**情感或激情如何能产生于一种众所周知的**想象的**利益，尤其是当我们的**实在的**利益仍然受到重视，并经常被承认是与**想象的**利益截然分明的、有时甚至对立的时候。

一个人被带到悬崖边，不可能朝下看而不发抖；**想象的**危险的情感与**实在的**安全的意见和信念相反而驱动着他。但是在这里，想像力得到一个令人心惊的对象的出现的援助，却没有占优势，除非它也受到新颖性和那个对象的不同寻常的现象的帮助。习惯立刻使我们适应于高处和悬崖，逐渐减弱这些虚妄的和幻想的恐怖。在我们对性格和作风所形成的评价中，我们可以观察到相反的情形：我们愈使我们自己习惯于精确的道德考察，我们对恶行和德性之间最细微的区别就获得愈细腻的感受。实际上，在日常生活中，我们有非常多的机会宣告所有种类的道德规定，以致这种道德规定的对象绝不可能有任何一个对我们是新的和不寻常的，一些**虚妄的**观点或偏见也不可能面对如此普通和如此熟悉的经验而站住脚。经验主要是形成诸观念之间的联结的东西，任何联结要完全违背这条原则［经验］而得以确立和维持，都是不可能的。

有用性是令人愉快的，博得我们的赞许。这是一个由日常观察所确证的事实。但是，**有用的**？对什么有用？当然是对某人的利益有用。那么谁的利益？不只是我们自己的利益；因为我们的赞许经常延伸至更远。因此，它必定是那些受到称许的性格或行动所服务的人的利益；而这些人我们可以断定，不论多么遥远，都是与我们并非完全漠不相关的。通过揭示这条原则，我们将发现道德区别的一个重大的源泉。

第　二　节

自爱是人类本性中的一条具有如此广泛效能的原则，每一单个人的利益与社会的利益一般地是如此紧密地联系在一起，以致那些幻想对公共的所有关怀都可以分解成对我们自身幸福和自我保存的关怀的哲学家，都是可以原谅的。这些哲学家时时刻刻看见对性格和行动或赞许或谴责、或满意或不快的事例；他们赋予这些情感的对象以或**德性**或**恶行**的名称；他们观察到前者有一种增加人类的幸福的趋向，后者有一种增加人类的苦难的趋向；他们自问我们是否可能对社会有任何一般的关怀，或对他人的福利或伤害有任何无私的怨恨；他们发现把所有这些情感全都当作自爱的变体要更简单些；他们至少为了这种原则上的统一性而揭掉了公共与每一单个人之间在利益上的那种显而易见的紧密联合的一种伪装。

但是尽管有这种利益上的经常的混淆，要达到培根勋爵之后的自然哲学家们所爱称之的那种 experimentum crucis［判决性实验］，亦即那种在任何怀疑或模糊中指明正确道路的实验，却是容易的。

我们已经发现一些事例,在其中私人的利益与公共的利益是相分离、甚至相对立的;然而我们观察到道德情感继续着,尽管有这种利益上的分裂。无论哪里这些截然分明的利益明显地同时发生,我们总是发现道德情感有一种明显的增长,发现一种对德性的更热烈的好感和对恶行的更强烈的厌恶,或我们恰当地称为**感激**或**报复**的东西。迫于这些事例,我们必须放弃这种用自爱原则来说明一切道德情感的理论。我们必须采纳一种更公共的感情,并承认社会的利益甚至就它们自身而论也不是与我们完全漠不相关的。有用性只是一种对于一定目的的趋向;当一个目的本身决不影响我们时,说任何事物作为达到这个目的的手段而使人快乐,这是自相矛盾。因此,如果有用性是道德情感的一个源泉,如果这种有用性并不总是被关联于自我来考虑,那么结论就是,凡是有助于社会的幸福的东西都使自己直接成为我们的赞许和善意的对象。这是一条在很大程度上说明道德性之起源的原则;当有一个如此清楚明白和自然的体系时,我们何必去寻求玄奥而渺茫的体系呢[①]?

难道我们难以领略人道和仁爱的力量吗?或者难以设想幸福、欢乐和幸运的神情产生快乐,苦难、痛苦和悲哀的神情传达不

① 没有必要把我们的研究推到那样深远,以至于追问我们为什么有人道或一种与他人的同胞感(a fellow-feeling with others)。这被经验到是人类本性中的一条原则就足矣。在我们考察原因时我们必须于某个地方止步;每一门科学都有一些一般的原则,在这些一般原则之外我们不可能希望发现任何更一般的原则。没有人是与他人的幸福和苦难绝对地漠不相关的。他人的幸福有一种产生快乐的自然趋向;他人的苦难有一种产生痛苦的自然趋向。这人人在其自身中都可以发现。或许这些原则不能被分解成更简单和更普遍的原则,无论我们为了这个目的而可能作出什么尝试。但是如果这是可能的,它也不属于目前这个主题;我们在这里可以有把握地将这些原则当作原始的;如果我们能够使所有推论都充分地清楚和明晰,那将是幸运的!

安吗？贺拉斯说[1]，人们相互从面容上借取欢笑和悲泣。让一个人孤居独处，他就会失去官能享受和思辨享受之外的一切享受，因为他内心的活动不是被他同胞被造物的相应的活动所推进的。悲痛和哀伤的符号虽然是任意的，却以使人忧郁的方式影响我们；眼泪、叫喊、呻吟这些天然的征象，总是能使我们充满怜悯和不安。如果苦难的这些结果以如此活跃的一种方式触动我们，难道能够假定，我们对苦难的原因，当我们知道是一个恶毒的或背信弃义的性格和行为时，能完全麻木不仁和漠然置之吗？

我将假定，我们进入一个舒适、温暖、布置精致的房间；我们环顾四周必然获得一种快乐，因为它呈现给我们舒适、满足和享受这些使人快乐的观念。殷勤好客、性情幽默、心地仁慈的主人出来。这个因素一定为整个环境增添魅力，我们也禁不住快乐地反思他的交谈和招待给每一个人带来的满足。

他的全部家人，通过他们面容上焕发出的自由、舒适、信任和宁静的愉悦，充分地显示出他们的幸福。在如此欢乐的情景中，我就有一种使人快乐的同情，而且不考虑这种最令人愉快的情绪就决不能考虑它的源泉。

他告诉我，一个暴虐欺压和有权有势的邻居曾试图夺去他继承的财产，并长期搅扰他的一切无害的社交快乐。我感到我的胸

① 'Uti ridentibus arrident, ita flentibus adflent
Humani vultus.'——Hor.
［“你自己先要笑，才能引起别人脸上的笑，同样，你自己先得哭，才能在别人脸上引起哭的反应。”——贺拉斯（参见贺拉斯：《论诗艺》，杨周翰译，人民文学出版社1982年版，第143页。）］

中就立即对这样的暴行和伤害升起一种义愤。

他补充道，但是一件私人性的罪恶出自这个人是毫不奇怪的，这个人曾经奴役许多行省，夷平许多城市，使田野和绞架淌满人类的鲜血。我就为如此深重的苦难景象而惊悚，为对其制造者的最强烈的憎恶所激动。

一般说来，确定无疑的是，无论我们走到哪里，无论我们反思或谈论什么，一切事物总是呈现给我们以人类的幸福或苦难的景象，并在我们胸中激起快乐或不安的同情活动。在我们的严肃的工作中，在我们的轻松的消遣中，这条原则一直发挥着它的能动的效能。

一个人走进剧场，就立刻震惊于如此众多的人参加一次共同消遣的景象，并根据他们的表情而非常敏感地被他与他的同胞被造物所共有的每一种情感所影响。

他观察到演员们为观众的座无虚席所鼓舞，热情高涨到他们在孤居独处或平静时刻所无法达到的程度。

一个灵巧诗人创作的戏剧的每一个跌宕起伏，仿佛魔法一般传达给观众，他们哭泣、颤抖、愤恨、欣喜，为驱动剧中人物的所有各类激情所激动。

当任何事件阻碍我们的意愿，打断我们钟爱的人物的幸福时，我们就感到明显的焦急和忧虑。而当他们蒙受的痛苦出自敌人的背信弃义，残忍，或暴虐时，我们胸中就充满对这些灾难的制造者的最强烈的愤恨。

在这里，描绘任何冷淡的和漠不相关的事情都是违背艺术的规则的。一位遥远的朋友或一个在这场灾难中没有直接利害关系的知心人，是这位诗人应当尽可能予以避免的，因为它传达给观众一种相同的漠不相关，妨碍他们的激情的进展。

很少有哪种诗是比**田园诗**更令人愉快的；人人都可以觉察出，它的快乐的主要源泉起源于关于一种优雅温柔的宁静的那些意象，它在它的人物身上表现这种宁静，并给读者传达一种相同的情感。桑纳扎罗[1]把场景转移到了海滨，尽管描绘的是大自然中的最壮丽的对象，然而公认在选择上犯了错误。渔夫们遭受的艰辛、劳苦和危险这些观念，由于一种不可避免的、与对于人类幸福或苦难的每一个观念相伴随的同情，是令人痛苦的。

一位法国诗人说，我二十岁时奥维德[2]是我钟爱的对象；现在我四十了，我宣布我喜爱贺拉斯。的确，我们更容易进入与我们每天感受的情感相似的那些情感中；但是任何一种激情，当得到很好的表现时，不可能是与我们完全漠不相关的；因为没有一种激情不是人人在自己内心中具有的，至少它们的种子和首要原则。通过生动的形象和表现而使每一种情感贴近于我们，并使它看上去仿佛真实和实在，正是诗的任务；一个确定无疑的证据是，无论哪里发现那种实在，我们的心灵都倾向于被它强烈地影响。

影响国家，地区，或单个人的命运的任何最新事件或新闻，甚至对于那些其利益没有直接卷入其中的人们也是极有兴味的。这样的消息得到迅速的传播、热切的打听和牵肠挂肚的探究。在这种场合，社会的利益似乎在某种程度上就是每个单个人的利益。

---

① 桑纳扎罗，Sannazarius，1456～1530 年，意大利诗人，留传后世的作品主要有以田园故事为题材的传奇《阿卡迪亚》。——译者注

② 奥维德，Ovid，公元前 43 年～公元 17 年，古罗马诗人，代表作为《变形记》。——译者注

想像力就一定受到影响，尽管所激起的激情可能并不总是那样强烈和稳定，以至于对行为举止具有重大的影响力。

读史似乎是一种平静的娱乐；但是如果我们的心不与历史学家所描述的那些活动相一致而跳动，它就根本不成其为一种娱乐。

修昔底德[①]和圭恰迪尼[②]很难维持我们的注意力，当前者描述希腊诸小城邦之间的琐屑的冲突，后者描述比萨的无害的战争时。与极少数人利益相关，利益又微小，这满足不了想像力，也博得不了感情。雅典大军在叙拉古周围的严重的危难，那威胁威尼斯的紧迫的危险，这些才激起同情，这些才引起恐怖和焦虑。

苏埃托尼乌斯[③]漠然中立和枯燥乏味的风格，塔西佗流利酣畅的笔调，同等地可使我们信服尼禄[④]或提比略[⑤]的极度堕落；但是当前者冷淡地陈述事实，后者将一个索拉努斯和一个特拉塞亚[⑥]的可敬的形象展现于我们眼前：无畏于命运、只为朋友和同胞

① 修昔底德，Thucydides，约公元前460～前400年，古希腊历史学家，著有《伯罗奔尼撒战争史》。——译者注

② 圭恰迪尼，Guicciardin，1483～1540年，意大利佛罗伦萨历史学家，主要著作有《意大利史》。——译者注

③ 苏埃托尼乌斯，Suetonius，约69～122年，古罗马传记作家，著有《名人传》、《诸恺撒生平》等。——译者注

④ 尼禄，Nero，37～68年，古罗马皇帝，54～68年在位，以昏暴和放荡著称。——译者注

⑤ 提比略，Tiberius，公元前42年～公元37年，古罗马第二代皇帝，以放荡淫逸著称。——译者注

⑥ 索拉努斯（Soranus）和特拉塞亚（Thrasea），古罗马政治家，尼禄当政时期的斯多亚派殉道者。两人皆因正直、才干和魄力等而不见容于尼禄，是尼禄在不断屠杀许多人之后"想要消灭道德本身而处死的两个人"（塔西佗语）；他们临死前都对亲人、朋友和同胞表现出高尚的感情，而对死亡则表现出高度的淡漠和平静。具体参见塔西佗：《编年史》，卷XVI，第21—35章。——译者注

令人感伤的苦难所打动时，在情感上有着何等差异啊！于是，何等的同情触动每一个人的心！何等的义愤指向那因其无端的恐惧或无故的仇恨而引发出那样可憎的暴行的暴君！

如果我们更切近于这些主题，如果我们消除一切捏造和虚构的嫌疑，那将激起多么有力的关怀，并在许多事例中多么超越于自爱和私人利益的狭隘执著啊！民众暴动、党派热情、对宗派领袖的忠诚服从，这些都是人类本性中这种社会性的同情的一些最明显、尽管较不可称道的结果。

我们可以观察到，这个主题的琐屑性也不能将我们与那带有人类情感和感情的意象的东西完全分离开来。

当一个人结结巴巴地说话和吃力地发音时，我们甚至对这种琐屑的不安也感到同情，并为他而痛苦。有一条批评的规则是，诸音节或字母的每一个组合，倘若在朗诵中给说话器官带来痛苦，出于一种同情，对耳朵也将显得刺耳和不快。不但如此，当我们用眼睛浏览一部书时，我们也可觉察出这样不和谐的句子，因为我们依然想象是一个人在给我们朗诵它，他由于发出这些刺耳的声音而遭受痛苦。我们的同情就是这样微妙！

自在而不受到限制的姿势和举动总是美的；健康而生气勃勃的神态总是令人愉快的；保暖而不给身体以负担、蔽体而不给四肢以束缚的衣服总是制作精良的。在对于美的每一个判断中，那个被感动者的感受都受到考虑，都给旁观者传达类似的痛苦或快乐的触动[①]。于是，如果我们不考虑人们的行动的趋向和这些行动

① “Decentior equus cujus astricta sunt ilia ; sed idem velocior. Pulcher aspectu sit

给社会带来的幸福或苦难，就不可能对他们的性格和行为作出任何判断，有什么奇怪呢？如果这条原则在这里完全并非能动的，那么观念之间是什么联结在起作用呢①？

如果任何人出于冷酷的麻木不仁或狭隘的自私性情而对人类幸福或苦难的意象无动于衷，那么他必定对恶行和德性的意象同等地漠不关心。正如反过来，我们总是发现，对我们人类利益的热情关怀伴随有一种对所有道德区别的细腻感受，一种对施于人们的伤害的强烈愤恨，一种对他们的福利的热烈赞许。在这方面，尽管一个人对另一个人明显地存在很大的优势，然而没有人如此完全漠不关心其同胞被造物的利益，以至于觉察不出由于行动和原则的不同倾向而造成的道德的善和恶的区别。实际上，我们如何能假定，在任何一个怀有一颗人心的人中，如果有一个对人类和社会有利的性格或行为体系和另一个对人类和社会有害的性格或行

athleta, cujus lacertos exercitatio expressit; idem certamini paratior. Nunquam enim *species* ab *utilitate* dividitur. Sed hoc quidem discernere modici judicii est." ——Quintilian, *Inst.* lib. viii, cap. 3. ["一个人的马腰腹结实，不但美观，而且敏捷。锻炼使竞技者肌筋发达，不但显得美，而且适合于竞技。的确，**美**和**效用**是从不分离的。不过，这至少有适当的判断力才能分辨出来。"——昆体良：《演说家准则》，卷 VIII，第 3 章。]

① 我们总是根据一个人所拥有的地位、依照他所置身于其中的关系，而期望从他获得程度或大或小的利益；当失望时，我们就谴责他的无效用，而如果他的行为举止造成任何不利或损害，我们就对他加以更严厉的谴责。当一国的利益妨碍另一国的利益时，我们评价一个政治家的价值，依凭的是他的措施和咨议给他自己的国家所带来的利益或不利，并不考虑他给敌国和敌人所造成的损害。当我们确定他的性格时，他的同胞公民是我们最先注目的对象。由于大自然在每一个人中都植入了一种对他自己的国家的优先的感情，因而当发生竞争时，我们从不期望有对遥远的民族的任何尊重。更不用说，当人人都考虑自己的集体的利益时，我们可以感觉到，人类的一般利益所受到的促进要比对于某种不能产生任何有利行动的利益的任何散漫的和不明确的观点所促进的更大，因为后者缺乏一个它们能够发挥作用的适当限定的对象。

为体系都受到他的责难，他竟至于不愿给予前者以一种冷淡的优先选择，或归予它以最微少的价值或尊重呢？且让我们假定一个竟然如此自私的人，且让私人利益竟然如此强烈地吸引他的注意力，然而在那些与他的私人利益无关的场合，他必定不可避免地感受到**某种**对于人类利益的偏向，并将这种偏向作为一个选择对象，如果一切别的事物都是同等的话。任何一个正在散步的人会像愿意踩踏坚实的石块和道路一样愿意踩踏一个未与他争吵的人的患痛风的脚趾吗？在这里，在这个情形中一定存在一种差异。在没有私人性的考虑吸引我们通过伤害我们的同胞被造物而寻求我们自己的晋升或好处的地方，当我们权衡行动的几种动机时，我们一定考虑他人的幸福和苦难，并倾向于他人的幸福。如果人道的原则能够在许多事例中影响我们的行动，它们必定在任何时候都对我们的情感具有**某种**权威，并给予我们以一种对凡是有用于社会的东西的一般的赞许，和对凡是危害或有损于社会的东西的一般的谴责。这些情感的程度可以是争论的主题；但它们的实存的实在性，我们应当认为，必定是每一种理论或体系都予以承认的。

一个绝对恶意和怨恨的被造物，如果大自然中有任何这样的被造物，必定是比对恶行和德性的意象漠不关心的被造物更坏的被造物。他的所有的情感必定都是颠倒的和与人类中所盛行的情感截然对立的。凡是有助于人类利益的东西，由于阻挫他的意愿和欲望的恒常癖好，必定产生不安和不满；反之，凡是社会的混乱和苦难之源的东西，由于同一理由，必定受到他快乐和满足的注视。蒂孟[①]或许由于他假装的怨恨而非由于任何刻骨的恶意而被称为恨世者(the man-hater),他深情地拥抱阿尔西比亚德。“继续干下去,我的孩子!”他喊道,“获得人民的信任;我预见,有朝一日你将是他们的深重灾难的原因。”[②]如果我们能够承认摩尼教徒的两条原则[③],那么一个可靠无误的推论就是,它们对人类行动的情感以及对一切其他事物的情感必定是完全对立的,每一个正义和人道的事例,根据其必然的趋向,必定使一神快乐而另一神不快。整个人类如此类似于善的原则,以致在利益或报复心或忌妒没有使我们的性情变得反常的地方,我们总是出于我们对人类的天然的爱而趋向于给予社会的幸福以优先选择,并由此而给予德性而非其反面以优先选择。绝对的、无缘无故的、无私的恶意或许决不能出现在任何一个人的胸膛中;或者如果它曾经出现,它必定在那里使一切道德情感以及人道感受都变得反常了。如果尼禄的残忍被认为是完全故意的,而不是长期恐惧和怨恨的结果,那么显然,他必定给予提格利努斯[④]而非塞涅卡或布鲁斯[⑤]以坚定不移的和始终如一的赞许。

一个在我们自己时代为我们自己国家效劳的政治家或爱国者,

---

① 蒂孟,Timon,约公元前320～前230年,普鲁塔克《希腊罗马名人传》中的恨世者形象,常被后人用作文学题材。——译者注

② Plutarch *in vita* Alc.[普鲁塔克:《阿尔西比亚德传》。]

③ 即善的原则和恶的原则。摩尼教主张善恶二元论,宣称善神和恶神、亦即光明之神和黑暗之神同为世界的本原。——译者注

④ 提格利努斯,Tigellinus,尼禄的主要谋臣,以教唆尼禄为恶、推行恐怖统治著名。——译者注

⑤ 布鲁斯,Burrhus,尼禄的禁卫军长官。——译者注

总是比一个对久远时代或遥远国家发生有利影响的政治家或爱国者，受到人们更热烈的尊重；在那些久远时代和遥远国家中，他的慷慨的人道所产生的好处与我们联系较少、显得较模糊，因而以一种较不活泼的同情感动我们。在这两种情形中，我们可以承认两者的价值是同等伟大的，尽管我们的情感没有被提升到同等高度。在这里，判断力矫正我们内在情绪和知觉上的不平等，宛如它在呈现于我们外感官的种种变化不居的意象中使我们免于错误一样。同一个对象拉开一倍的距离，映入我们眼中的形象其实只有原来形象的一半，我们却想象它在两种境况中都是以同样大小而出现，因为我们知道随着我们向它接近，它在我们眼中的形象便扩大，而这种差异不在于对象本身，而在于我们对它的位置。实际上，没有对于内在和外在两方面情感的现象的这样一种矫正，当人们的飘忽不定的境况使对象发生不断的变化，并把他们抛入这样殊异的和相反的眼光和立场时，他们绝不可能稳定地思想或谈论任何主题。①

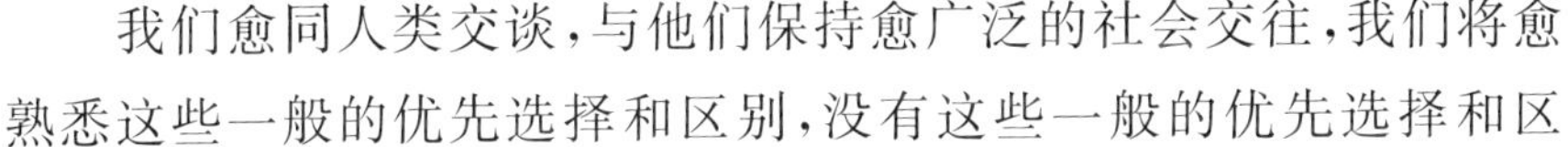

我们愈同人类交谈，与他们保持愈广泛的社会交往，我们将愈熟悉这些一般的优先选择和区别，没有这些一般的优先选择和区

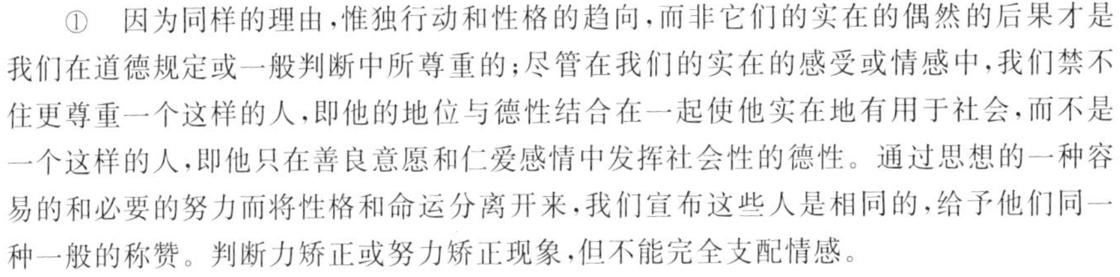

① 因为同样的理由，惟独行动和性格的趋向，而非它们的实在的偶然的后果才是我们在道德规定或一般判断中所尊重的；尽管在我们的实在的感受或情感中，我们禁不住更尊重一个这样的人，即他的地位与德性结合在一起使他实在地有用于社会，而不是一个这样的人，即他只在善良意愿和仁爱感情中发挥社会性的德性。通过思想的一种容易的和必要的努力而将性格和命运分离开来，我们宣布这些人是相同的，给予他们同一种一般的称赞。判断力矫正或努力矫正现象，但不能完全支配情感。

为什么说这棵桃树比那棵好，难道不是因为它结出更多或更好的果实吗？尽管它的桃子在完全成熟之前已遭蜗牛或害虫所毁坏，难道不会给予它以同一种称赞吗？在道德上，难道不也是**树由果知**（the tree known by the fruit）吗？难道我们在道德上不能像在桃树上一样容易地区分开本性和偶因吗？

别，我们的交谈和话语就几乎不可能变得相互理解。每一个人的利益都是他自己特有的，由这份利益所引起的厌恶和欲望不能假定对他人具有相同程度的影响力。因此，一般的语言，既然是为了一般的用途而形成，就必须根据某些更一般的观点来铸造，必须附带契合于社会的一般利益所产生的情感的称赞或谴责的辞藻。即使在大多数人中社会的一般利益所产生的这些情感并没有私人的好处所关联的那些情感强烈，它们必定仍然在甚至最堕落最自私的人中造成某种区别，必定把善这个概念系附于一个慈善的行为，把恶这个概念系附于一个相反的行为。我们应当承认，同情远比我们对自己的关怀微弱，对远离我们的人的同情远比对靠近和毗邻我们的人的同情微弱；但是正因为这个理由，我们在对于人们性格的平静的判断和讨论中必须忽略所有这些差异，使我们的情感变成更公共和更社会的。且不论我们自己经常改变我们在这方面的境况，我们还每天遇到境况与我们不同的人，和倘若我们坚持我们自己特有的立场和观点就决不可能与我们交谈的人。因此，在社交和谈话中，情感的交流使我们形成某种我们可据以赞成或反对种种性格和作风的一般的不可变更的标准。尽管心（the heart）并不完全赞同那些一般的概念，也并不根据恶行和德性的普遍而抽象的差异，而不尊重自我或与我们有较亲密关系的人来规范它的全部爱和恨，然而，这些道德差异却有一种相当大的影响力，当它们足够大时，至少就话语而论，能够服务于我们在交际中、在布道坛上、在剧场里和在学校中的所有目的①。

① 正是大自然智慧地安排，私人的关系通常应当压倒普遍的观点和考虑；不然我们的感情和行动就会由于缺乏适当限定的对象而烟消云散。因此，施予我们自己或我们亲密朋友的微小的恩惠，较之于施予一个遥远国家的巨大的恩惠，激起更强烈的爱和赞许的情感；但是在这里，正如在所有感官中一样，我们仍然知道要通过反思来矫正这些不平等的因素，坚持一种主要基于一般有用性的对于恶行和德性的一般标准。

因此，无论我们从什么眼光来考察这个主题，所赋予社会性的德性的价值看来仍然是始终一致的，这种价值主要产生于天然的仁爱情感使我们对人类和社会的利益所怀抱的那种尊重。如果我们考虑诸如日常经验和观察中所显现的人类结构的原则，我们必定**先天地**（*a priori*）推断，像人这样的一个被造物，不可能完全漠不关心他的同胞被造物的幸福和苦难，不可能在没有任何东西使他怀有任何特定的偏向时不毋须任何更进一步的尊重或考虑就自行地乐于主张：凡是促进他们的幸福的东西就是善，凡是加重他们的苦难的东西就是恶。于是，这里就是诸行动之间的一种**一般的**区别的微弱的雏形或者至少轮廓；依照这个人的人道所应当增进的他与那些受害者或受益者的关系和他对这些人的苦难或幸福的生动思想的程度，他随后发生的责难或赞许就获得相应的活力。在久远记载或遥远报道中顺便提及的一个慷慨的行动应当传达某些强烈的赞许和钦敬的感受，这并没有必然性。德性，置于这样遥远的距离，就宛若一颗恒星，虽然对理性之眼可能显得如中天之日般光明灿烂，然而是如此无限遥远，以至于既不能用光也不能用热来影响我们的感官。通过我们与那些人的熟识或关系、甚至通过对情况的绘声绘色的描述而使这一德性更接近于我们，我们的心将直接被打动，我们的同情将活跃起来，我们的冷淡的赞许将转变为最热烈的友谊和尊重的情感。这些似乎是人类本性的一般原则的一些必然的和可靠无误的后果，正如在日常生活和实践中所发现的那样。

再颠倒这些观点和推理，**后天地**（*a posteriori*）考虑这个问题，并在权衡这些后果时，探究社会性德性的价值是否在很大程度上

并非导源于它据以影响旁观者的人道感受。看来事实是：**效用**这个因素在所有主题中都是称赞和赞许的源泉，它是关于行动的价值或过失的所有道德决定经常诉诸的，它是正义、忠实、正直、忠诚和贞洁所受到的尊重的**惟一**源泉，它是与其他社会性德性如人道、慷慨、博爱、和蔼、宽大、怜悯和自我克制不可分离的，一言以蔽之，它是道德中关乎人类和我们同胞被造物的那个主要部分的基础。

看来事实还是在我们关于性格和作风的一般赞许中，社会性的德性的有用趋向不是通过对自我利益的某些尊重来打动我们的，而是具有一种更普遍和更广泛得多的影响力。看来，对公共利益的趋向，和对促进社会和平、和谐和秩序的趋向，总是通过影响我们本性结构中的仁爱原则而使我们站在社会性的德性一边。看来，作为一个额外的确证，这些人道和同情的原则如此深刻地进入我们所有的情感中，并具有如此强大的影响力，以至于可以使它们有能力激起最强烈的责难和赞许。目前这个理论是所有这些推论的简单的结果，这些推论的每一个都似乎基于始终一致的经验和观察之上。

倘若在我们本性中是否存在任何诸如人道或对他人的关怀之类的原则是可怀疑的，然而当我们在无数事例中看见凡是具有促进社会利益趋向的东西都受到非常高度的称赞时，我们就应当由此而认识到仁爱原则的力量，因为当一个目的是完全漠不相关的时候，任何事物都不可能作为达到这个目的的手段而使人快乐。另一方面，倘若在我们本性中是否植入有任何对于道德的谴责和赞许的一般原则是可怀疑的，然而当我们在无数事例中看见人道的影响力时，我们就应当由此而推断，一切促进社会利益的东西都必定传达快乐，一切有害的东西都必定产生不安，除此之外别无可能。而当这些不同的反思和观察在确立同一个结论的过程中同时出现时，它们不必定赋予这个结论以一种无可争辩的明证性吗？

不过我希望，通过阐明其他敬重和尊重的情感产生于这些相同的或相似的原则，这一论证过程将进一步确证目前这个理论。

第六章　论对我们自己有用的品质

第　一　节

[①]看来很明显，当一种品质或习惯受到我们考察时，如果它在任何一个方面都显得有损于那个拥有它的人，或者诸如使他失去从事事务和活动的能力，它就立刻遭到谴责，并被列入他的缺点或瑕疵中。慵懒、疏忽、缺乏条理和方法、固执、乖戾、莽撞、轻信，这些品质从未被任何一个人看作是与性格漠不相关的，更谈不上被他作为才艺或德性而予以颂扬。它们所产生的损害直接刺激我们的眼睛，给予我们痛苦和不满的情感。

人们承认，没有品质是绝对地可谴责的，也没有品质是绝对地可称赞的。这完全依照其程度而定。逍遥学派[②]认为，适中是德性的特征。可是这种适中主要是由效用所规定的。例如，办事时适当的迅速和快捷是可称许的。如果不足，要实现任何目的就总是没有进展；如果过度，则使我们陷入仓促而不协调的措施和事业中；通过这样的推理，我们就在所有关于道德和明智的研究中确立起一种适当的和可称许的中庸，而决不忽略掉任何性格或习惯所产生的好处。

---

① 《休谟哲学著作集》注：在第一版中有一个对这一主题的划分作为本章的导引，现置于附录四中。

② 即亚里士多德学派。——译者注

既然这些好处是那个拥有这种性格的人所享受的，因此绝不可能是**自爱**使得这些好处的前景令我们这些旁观者感到愉快，和增进我们的敬重和赞许。想像力没有任何力量能够把我们变成另一个人，和使我们想象我们作为那个人而从本属于他的那些可贵的品质中获得利益。或者即使它有这种力量，它也没有任何迅捷能够立即把我们变回我们自身，和使我们爱和敬重那个与我们不同的人。与已知真理是如此对立、彼此之间也是如此对立的这些观点和情感，绝不可能同时发生在同一个人之中。因此，所有对于自私论的尊重的嫌疑在这里都被完全排除了。正是一条完全不同的原则，驱动着我们的内心和激发起我们对我们所静观的那个人的幸福的兴趣。当他的自然才能和后天获得的能力向我们预示他的高尚、进步、顺遂成功的生活形象、对命运的坚定控制、和伟大或有益的事业的实现等的前景时，我们就为这样令人愉快的意象所打动，感到对他油然升起一种满意和尊重。幸福、欢乐、胜利、繁荣，这些观念与他的性格的每一个因素相关联，给予我们心灵以一种令人愉快的同情和人道的情感[①]。

让我们假定一个人格（a person）原初地被构造为毫不关心他

① 人们可以大胆地断言，不存在这样的人类被造物，对他而言幸福的现象（当没有嫉妒或报复心时）不产生快乐，苦难的现象不产生不安。这似乎是与我们的构造和组织不可分离的。但是惟有那些心灵慷慨的人才由此而被促进来热心为他人谋利益，并对他人的幸福怀有一种实在的激情。至于那些精神狭隘和不慷慨的人，这种同情则超不出想像力的微弱的感受，这种微弱的感受仅仅有助于激起满足或责难的情感，和使这些情感把光荣或耻辱的名称运用于对象而已。例如，一个悭吝的守财奴极端称赞甚至别人的**勤奋**和**省俭**，并在他的评价中将它们置于所有其他德性之上。他知道它们所产生的好处，并以一种比你们所能向他描绘的任何同情更加强烈的同情感受那种幸福，尽管他或许并不会拿出一个先令来让他那样高度称赞的那个勤奋的人去发财。

的同胞被造物，他对一切感性存在物的幸福和苦难甚至比对同一种颜色的两种相近的浓淡更加漠不关心。让我们假定，如果将各民族的繁荣放在他的一只手上，而将它们的毁灭放在他的另一只手上，并要求他作出选择，他就会像经院哲学家[①]的驴一样站在两个同等的动机之间不知所措和犹豫不决，或者毋宁说像这同一头驴站在两根木头或两块石头之间那样毫不倾向或偏好哪一边。我相信，人们必定承认为正当的推论是，这样一个人格，由于无论对社会的公共利益或对他人的私人效用都是绝对不关心的，因而就会像旁观最常见、最乏味的对象一样，漠不关心地旁观不论对社会或对其拥有者多么有害或有益的每一种品质。

但是如果我们假定的不是这个虚构的怪物，而是一个**人**(a man)，他要在这种情况下形成一个判断或规定，那么当其余一切事物都是同等的时候，他的优先选择就存在一个明显的基础；不论他的选择可能多么冷淡，如果他的心是自私的，或者如果与利益相关的人和他相当疏远，在有用的东西和有害的东西之间必定仍然存在一种选择或区别。现在这种区别在所有部分都是与其基础一直受到那样经常而又那样徒劳探讨的**道德区别**相同的。在每一个环境中，心灵的同样一些禀赋都是既适宜于道德情感，又适宜于人道情感，同样一种性情都是既容易被高度的道德情感所感动，又容易被高度的人道情感所感动，不同对象通过它们的靠近或联结而发生的同样一种变化都既活跃道德情感，又活跃人道情感。因此，根据一切哲学规则，我们必须推断，这两种情感原本是同一种；因

① 即中世纪法国哲学家布里丹(Buridan，约1300～1358年)。——译者注

为在各个细节、甚至最微不足道的细节上，它们都是由同样一些规律所支配，由同样一些对象所打动的。

为什么哲学家们极其肯定地推断，月亮借以保持其轨道的与导使物体坠向地球表面的是同一种引力，难道不是因为根据计算这些结果被发现是相似的和相等的吗？难道这个论证在道德研究中不像在自然研究中一样必定带来强大的说服力吗？

通过任何烦琐的细节来证明一切对其拥有者有用的品质都是受赞许的、而一切相反的品质都是受责难的，将是多余的。对日常生活经验稍作反思就是足够的。我们将只提及一些事例，以便如果可能的话消除一切怀疑和犹豫。

成就任何有用的事业所最必需的品质是审慎；通过审慎，我们保持与他人的安全的交往，给予我们自己的性格和他人的性格以适当的注意，权衡我们所肩负的事业的各个因素，并采用最可靠和最安全的手段来达到任何目的或意图。或许，对于克伦威尔[①]们或德雷兹[②]们，审慎可能显得像是一种总督似的(alderman-like)德性，正如斯威夫特博士[③]所称之的那样；由于它与他们的勇气和野心所怂恿他们从事的那些深远图谋是不相容的，因而它在他们身上其实可能是一种缺点或瑕疵。但是在日常生活行为中，没有一

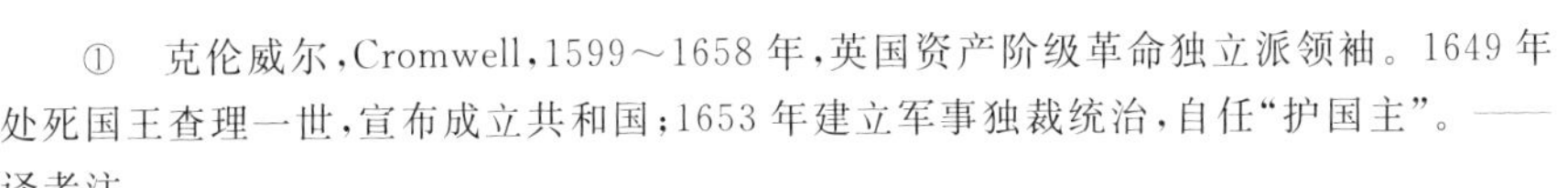

① 克伦威尔，Cromwell，1599～1658年，英国资产阶级革命独立派领袖。1649年处死国王查理一世，宣布成立共和国；1653年建立军事独裁统治，自任“护国主”。——译者注

② 德雷兹，De Retz，1613～1679年，法国教士、主教，一生热衷于政治阴谋。——译者注

③ 斯威夫特，Jonathan Swift，1667～1745年，英国作家，神学博士，代表作有长篇小说《格列佛游记》。——译者注

种德性是比它更必不可少的，不仅对获得成功如此，对避免最致命的失败和挫折亦如此。正如一位高雅的作家所评论的，没有审慎，最伟大的才华对于其拥有者都可能是致命的；正如丧失了眼睛的波吕斐摩斯[①]，其巨大的力量和庞大的身躯只是使他更加暴露而已。

最佳的性格，如果不毋宁说对人类本性是太完美的，其实就是不为任何情绪所动摇，而依照**有用**于所打算的特定目的而交替运用大胆进取和小心谨慎。这是圣埃弗雷蒙[②]所归予蒂雷纳元帅[③]的优点，蒂雷纳元帅在他军事生涯的每一次战斗中年龄愈大就愈勇猛，而一旦从漫长的经验中完全了解了战争的每一个事件，他就更加坚定和安全地前进在一条他已烂熟于心的道路上。马基雅弗利[④]说，费边[⑤]小心谨慎，西庇奥[⑥]大胆进取；两人都获得了成功，因为在他们各自任指挥期间，罗马事务的状况都特别适合于他们各自的天才；但是倘若这些状况被颠倒过来，则两人都会失败。环境

① 波吕斐摩斯，Polyphemus，希腊神话中的独眼巨人，海神波塞冬和仙女索欧撒之子。希腊英雄奥德修斯一行回国途中落入其手，四个同伴惨遭其吞食，奥德修斯最终机智地将他灌醉，弄瞎其独眼后，攀附在羊腹下逃走。——译者注

② 圣埃弗雷蒙，St. Evremond，1610～1703 年，法国作家，耶稣会士。有喜剧作品流传于世。——译者注

③ 蒂雷纳元帅，Mareschal Turenne，1611～1675 年，法国最伟大的军事家之一。14 岁开始学习战争，一生英勇善战，善于避实就虚寻找战机，在强敌受挫遭削弱后又善于积极进攻并夺取胜利。他指挥的战役后来被拿破仑推荐给所有士兵“学习、学习、再学习”（read and re-read）。——译者注

④ 马基雅弗利，Machiavelli，1469～1527 年，意大利历史学家、政治思想家，主要著作有《君主论》、《佛罗伦萨史》、《论提图斯·李维的〈罗马史〉前十卷》等。——译者注

⑤ 费边，Fabius，约公元前 280～前 203 年，古罗马统帅、执政官。他在与汉尼拔军队作战的过程中稳健慎重，避其锋芒而采用迁延术与之周旋，因此被讥称为“谨慎者”或“迟延者”（cunctator）。——译者注

⑥ 西庇奥，Scipio，公元前 237～前 183 年，古罗马将军、执政官。27 岁出任西班牙总司令官，指挥同迦太基军队作战，极富冒险精神。——译者注

适合于其性情的人是幸运的，但是能够使其性情适合于任何环境的人则是更优秀的。

在获得权力和财富的过程中，或者说在提升我们所谓尘世**命运**的过程中，有什么必要称赞勤奋和颂扬它的好处呢？按照寓言，乌龟凭其坚毅赢得了与尽管迅疾得多的兔子的赛跑。一个人的时间十分俭省地使用，就仿佛一块精心耕耘的土地，其中几英亩所生产的对生活有用的东西，比任荆棘和野草蔓生的甚至土地最肥沃的辽阔行省所生产的还多。

但是当缺乏合理的省俭时，生活成功的整个前景、甚至勉强维持生存的整个前景都必定化为泡影。积蓄不是日增，而是日减，从而使其拥有者那样更加不幸，以致由于不能把自己的开销限制在丰厚的收入的范围内，他将更加不能靠菲薄的收入满意地过活。按照柏拉图的说法[①]，人的灵魂被不纯净的欲望所燃烧，当失去惟一提供满足的手段的身体时，就游荡在大地上、出没于停置身体的地方，具有一种强烈要求恢复其所失去的感觉器官的愿望。因此我们可以看到，毫无价值的浪荡子们，当他们把财富消费于疯狂的放荡淫逸、跻身于每一桌丰盛的宴席和每一个享乐的聚会时，甚至被恶人所憎恶，被傻瓜所轻蔑。

省俭的一极是**贪婪**，贪婪由于既剥夺一个人对其财富的一切使用，又阻碍殷勤好客和每一种社交性的享受，出于双重的理由正当地受到责难。另一极则是**挥霍**，挥霍通常更有害于个人自己；[②]

① 《斐多篇》。

② 意即“省俭”是“贪婪”和“挥霍”之间的中间状态。——译者注

这两个极端中哪一个比另一个更受谴责，依照责难者的性情、依照他对社交性快乐或官能性快乐的感受性的大小而定。

品质的价值经常导源于复杂的源泉。**诚实**、**忠实**、**真实**，因为它们促进社会利益的直接趋向而受到称赞；但是一旦这些德性在这个基础上确立之后，它们也被当作是对这个人自己有益的，被当作是那种惟一能使人在生活中受到尊敬的信赖和信心之源。一个人如果忘记他在这方面对自己和对社会所应尽的义务，就变得不仅可憎，而且可鄙。

或许，这种考虑是对女人们就**贞洁**而言的任何失败的事例予以高度谴责的一个**主要**源泉。女性所能获得的最大尊重导源于她们的忠实；一个在这方面有缺陷的女人就变得低贱和粗俗，失去她的地位，并遭到各种侮辱。最小的失败在这里都足以毁掉她的名声。一个女人具有如此多的暗中放纵这些欲望的机会，以致除了她的绝对端庄和克制，再没有任何东西能够给予我们以保证；而且缺隙一旦造成，则几乎不可能完全修复。如果一个男人在某个场合表现懦弱，一个相反的行为就会恢复他的名声。但是如果一个女人曾经放荡过，她通过什么行动才能使我们确信她已下定改过的决心，并有足够的自制力实现这些决心呢？

人们承认所有人都同等地欲求幸福，但是在对幸福的追求中成功者寥寥；一个相当重要的原因就是缺乏心灵的力量，心灵的力量可以使他们有能力抵御当前的舒适或快乐的诱惑，推动他们寻求更长远的利益和享受。我们的感情，根据其对象的一般的前景，形成一定的行为规则和一定的优先选择此对象而非彼对象的尺度；这些决定，尽管其实是我们的平静的激情和癖好的产物（因为难道还有

什么别的东西能够将任何对象宣布为合适的或不合适的吗?),然而由于对术语的自然的滥用,被认为是纯粹**理性**和反思的规定。但是当这些对象中有些更接近于我们,或获得可以抓住我们的心或想像力的角度和立场的好处时,我们的一般的决心就常常被搅乱,优先选择一种微不足道的享受,而留给我们以永久的羞惭和懊悔。无论诗人们在赞美当前快乐,否定对名望、健康或财富的所有长远观点时可能怎样发挥他们的机趣和雄辩,很显然,这种做法是一切放荡和混乱、悔恨和苦难之源。一个性情刚强果断的人顽强地坚持他的一般的决心,既不为快乐的魅力所诱惑,也不为痛苦的威胁所恫吓,而是始终着眼于他用以确保自己幸福和荣誉的那些长远的追求。

自满,至少在某种程度上是一种同等地降临于傻瓜和智者的好处;但这是他们惟一同等的地方,当他们立于一个同等的基础时,他们的生活方式中也不存在任何其他同等的因素。事业、书籍、谈话,对于这一切傻瓜是完全无能为力的,他除了被他的地位宣判去做最粗重的苦力,不过给地球增加**无用的**负担而已。因此,我们发现人们极端忌讳他们在这方面的性格,我们见到许多最坦率最无保留地承认自己骄奢淫逸和背信弃义的事例,却不见任何能够忍受愚昧无知和愚蠢之名的事例。正如波利比阿告诉我们的①,狄凯阿科斯这位马其顿将军公然搭建起一座不虔敬的祭坛和一座不正义的祭坛,以蔑视人类;我敢肯定,甚至他也会为**傻瓜**这个字眼而惊跳起来,并图谋报复这个如此伤害性的称呼。除了父母的慈爱这一大自然中最强烈最不可分割的纽带,没有任何联

① Lib. xvii. cap. 35.[波里比阿:《历史》,卷 XVII,第 35 章。]

系有力量足以承受这种性格所引起的厌恶。爱本身能够存续于背信弃义、忘恩负义、恶意和不忠实之下，却直接为这种性格所扑灭，当它被知觉并被承认时；对于爱这一激情的统治，丑陋和衰老也并不比这种性格更具有毁灭性。对任何目的或事业都完全无能为力，生活中错误连连、失误累累，这样一些观念是多么可怕呵！

当人们问，最有价值的是一种敏锐的领悟力还是一种迟钝的领悟力？是一种一眼就穿透主题、却不能对研究作出任何进展的性格，还是一种相反的、即通过专心致志而必定完成一切事情的性格？是一个清晰的头脑还是一种无穷的创造力？是一种深邃的天才还是一种可靠的判断力？简言之，什么性格，或知性的什么特殊禀赋，是比另一者更卓越的？很显然，我们不考虑这些品质中哪一个最能使一个人适合于这个世界，最能使他在任何事业中达到高峰，就不可能回答这些问题中的任何一个。

如果精致的感觉和崇高的感觉不如日常的感觉**有用**，它们的稀罕、它们的新颖、它们的对象的高贵就作出某种补偿，使它们获得人类的钦敬；正如金，尽管不如铁用途广泛，却因其稀罕而获得远高于铁的价值一样。

判断力的缺点不能通过任何技艺或发明来弥补；但是记忆力的缺点，无论在工作中或在学习中，往往可以通过方法和勤奋、通过勤于笔记来弥补；我们几乎从没有听说记忆力的缺乏被当作一个人任何事业失败的理由。但是在古代，一个人没有说话才能就不能出名，听众也太敏感而不能忍受诸如我们的即兴演说家们在公共集会上的那种粗糙、散乱、高谈阔论的长篇演说，那时记忆力这种才能却是极端重要的，因而比现在更受重视得多。古典古代所提到的伟大天才几乎没有一个不因这种才能而受到赞美；西塞罗则将这种才能与恺撒本人的其他崇高品质相提并论①。

特定的习俗和作风改变品质的有用性；它们也改变品质的价值。特定的境况和偶因在某种程度上也具有相同的影响力。一个人拥有与其地位和职业相称的才能和技艺，较之于他被命运女神误置于她给他派定的位置上，将总是更受敬重。在这方面，私人性的或自私性的德性要比公共性的和社会性的德性更具任意性。在其他方面，它们或许更不容易导致怀疑和争论。

在这个王国②，最近几年，在**现实**生活中的人们如此不断地盛行卖弄**公共精神**、在**思辨生活**中的人们如此不断地盛行卖弄**仁爱**，而两者又各自毫无疑问地被探查到如此众多的虚假的矫饰，以致世人很容易不带任何恶意就在这些道德禀赋头上发现一种阴郁的怀疑，甚至有时很容易绝对地否认这些禀赋的实存和实在性。同样，我发现，古代**斯多亚派**和**昔尼克派**关于**德性**的无尽无休的侈谈，他们的壮丽的宣言和纤弱的表现，引起了人类的厌恶；尽管在快乐上恣意放纵、在其他方面却是一位相当道德的作家的琉善③，有时不表现一些怨怒和嘲讽就不能谈论被那样夸耀的德性④。但

① Fuit in illo ingenium, ratio, memoria, literae, cura, cogitatio, diligentia, &c. Philip. 2. [其中有天才、理性、记忆力、教养、谨慎、深思、勤奋等等。《腓力》，2。]

② 即英国。——译者注

③ 琉善，Lucian，约 120～180 年，古罗马讽刺作家，伊壁鸠鲁主义者。——译者注

④ Αρετην τινα και ασωματα και ληρους μεγαλη τη φωνη ξυνειροντων. Luc. Timon. 9. ["任何德性不是无形之物，就是外表庄严的一堆废话。"琉善：《蒂孟》，9。]又，Και συναγαγοντες (οι φιλοσοφοι) ευεξαπατητα μειρακια την τε πολυθρυλλητον αρετην τραγωδουσι. Icaro-men. ["（哲学家们）把容易受骗的年轻人引向陈腐的德性，这是一种可悲的做法。"《伊卡诺—墨尼波斯》。]在另一处，Η που γαρ εστιν η πολυθρυλλητος αρετη, και φυσις, και ειμαρμενη, και τυχη, ανυποστατα και κενα πραγματων ονοματα. Deor. Concil. 13. ["被人讲烂了的德性、本性、命定、运气以及诸如此类令人难以忍受的空洞的事物，这些都在哪里呢？"《众神的会议》，13。]

是这种乖戾的敏感，不论它究竟由何而产生，谅必不能被推进到那样的程度，以至于使我们否认任何一种价值的实存，否认作风和行为的一切区别。且不论**审慎、小心谨慎、大胆进取、勤奋、刻苦、省俭、节约、理智健全、明智、明辨**，我是说，且不论单单其名称就直接表明其价值的这些禀赋，还有许多其他禀赋，它们是甚至最坚决的怀疑主义者任何时候都不能拒绝予以称赞和赞许的。**自我克制、冷静、忍耐、坚贞、坚毅、深谋远虑、周密、保守秘密、有条理、善解人意、殷勤、镇定、思维敏捷、表达灵巧**，这些以及成千上万的此类德性，没有人会否认是卓越的品质和优点。由于它们的价值在于它们的为拥有它们的那个人服务的趋向，并不带有任何为了公共的和社会的价值的壮丽主张，因此我们并不太在意它们的矫饰，而乐意于将它们纳入值得赞扬的品质的目录。我们并不觉得，通过这一让步，我们就已经为所有其他道德优点铺平道路，能够不再对无私的仁爱、爱国主义和人道犹豫不决。

其实看来毫无疑问，最初的现象在这里和通常一样极富欺骗性，以一种思辨方式将我们所归予上述自私性德性的价值分解成自爱要比将甚至社会性德性如正义和慈善的价值分解成自爱更困难些。对于后面这个目的，我们只需说明，凡是促进社会的好处的行为，因为这种为人人所分享的效用和利益，都是受社会所热爱、称赞和敬重的；尽管这种感情和尊重其实是感激而非自爱，然而甚至性质这样明显的一种区别，那些肤浅的推理者也不能乐意去做出，这样至少暂时还存在维持吹毛求疵和争辩的余地。但是由于仅仅有助于它们的拥有者的效用、而与我们或社会没有任何关联的品质仍是受敬重和尊重的，因此通过什么理论或体系，我们才能说明这种出自自爱的情感或将它从这个为人所钟爱的起源中推演出来呢？这里似乎必须承认，他人的幸福和苦难并不是与我们完全漠不相关的景观；他人的幸福不论在其原因或结果上的景象，都像灿烂的阳光或精心耕种的田野景色（不把我们的主张提得更高），给人以内心的欢乐和满足；他人的苦难的现象，则像一片低垂的乌云或贫瘠的风景，给想像力投上一抹抑郁的阴沉。而这个让步一旦作出，困难就迎刃而解，我们就可以希望，对人类生活现象的一种自然的而非牵强的解释从此将在所有思辨的探究者中盛行开来。

第　二　节

在这个地方，考察一下身体禀赋和财富利益对我们的尊重和敬重的情感的影响力，考虑一下这些现象是增强还是削弱目前这个理论，不可能是不适当的。人们自然地期望，身体的美，正如所有古代道德家所假定的，在某些方面将类似于心灵的美；所给予一个人的每一种敬重，在其起源中也将有某种类似物，无论这种敬重是产生于他的心理禀赋，还是产生于他的外在环境。

显而易见，在所有动物中，美的一个相当重要的源泉是它们由自身肢体和器官的特定结构而获得的好处，这种结构是与大自然给它们命定的特定生活方式相适应的。色诺芬[①]和维吉尔[②]所描

① 色诺芬，Xenophon，约公元前430～前354年，古希腊历史学家，苏格拉底的学生。著有《远征记》、《希腊史》、《回忆苏格拉底》等。——译者注

② 维吉尔，Virgil，公元前70～前19年，古罗马诗人，著有史诗《伊尼阿德》等。——译者注

述的马的正当的比例与我们现代骑师们今天所接受的是同一种，因为它们的基础是同一个，即，对于在这种动物中什么是有害的或有用的之经验。

宽阔的双肩、瘦细的腰腹、坚实的关节、修长的双腿，所有这些在人类中是美的，因为它们是力量和活力的标志。效用及其对立面的观念，尽管它们并不完全规定什么是漂亮或丑陋，却显然是相当大一部分赞许或厌恶的源泉。

在古代，身体的力量和灵巧在战争中有着更大的**用途**和重要性，也比现在更受敬重和重视得多。且不说荷马和诗人们，我们可以看到，历史学家们对甚至他们承认为全希腊最伟大的英雄、政治家和将军的伊巴密浓达[①]，也都毫无顾忌地在其才艺中提到**身体的力量**[②]。相似的称赞也被给予罗马最伟大的人物之一庞培[③④⑤]。这个事例类似于我们前面关于记忆力所看到的情形。

① 伊巴密浓达，Epaminondas，约公元前420～前362年，古希腊底比斯统帅、政治家。对内大力实行民主政治，进行军事改革，对外曾组织反斯巴达同盟，从而使底比斯争霸希腊。——译者注

② Diodorus Siculus，lib. xv.［西西里人狄奥多罗斯：《历史丛书》，卷XV。］为了展现那些时代所盛行的关于完美价值的观念，像这位历史学家所描绘的那样给出伊巴密浓达的性格不可能是不合适的。这位历史学家说，在其他杰出人物中，你们将看到每个人只拥有某一种闪光的品质，它构成他的名望的基础；而在伊巴密浓达身上，你们将发现所有**德性**都统一起来，身体的力量、表达的雄辩、心灵的活力、对财富的轻蔑、气质的高贵以及**那尤其令人尊重的东西**，即战争中的勇敢和表现。

③ 庞培，Pompey，公元前106～前48年，古罗马统帅、执政官。——译者注

④ *Cum alacribus, saltu; cum velocibus, cursu; cum validis recte certabat.* Sallust apud Veget.［"与灵敏者比跳，与迅捷者赛跑，与强者公平竞争。"韦格提乌斯所引萨鲁斯特语。］

⑤ 这里的注释②和④在Selby-Bigge版中的位置是颠倒的，这里系根据《休谟哲学著作集》安排。——译者注

对于男女两性，何等的嘲弄和轻蔑伴随着**性无能**，当这个不幸的对象被视为一个被剥夺了如此首要人生快乐的人，同时被视为一个丧失了将这种快乐传达给他人的能力的人时。女人的**不育**也是一种**无效用**，因而是一种耻辱，不过程度不同而已；按照目前这个理论，其理由不言而喻。

在绘画和雕塑中，最必不可少的规则莫过于使形象平衡，根据它们的适当的重心而将它们置于最精确的位置。一个没有适当平衡的形象是丑的，因为它传达出倾跌、伤害和痛苦这些令人不快的观念[①]。

使一个人得以提高其社会地位和增进其财富的心灵气质或倾向配享敬重和尊重，这已经得到解释。因此，可以自然地假定，对财富和权威的现实的占有将对这些情感具有相当大的影响力。

让我们考察我们借之可以说明所给予财富和权力的尊重的任何一个假设，我们将发现，除了这个假设之外找不出任何令人满意的假设，即，所给予财富和权力的尊重来源于繁荣、幸福、舒适、富足、权威以及各种欲望的满足等意象给旁观者带来的享受。譬如，自爱，有些人那样喜爱将它看作一切情感之源，显然不足以说明这种尊重。在没有善意或友谊出现的地方，很难设想出我们据以能

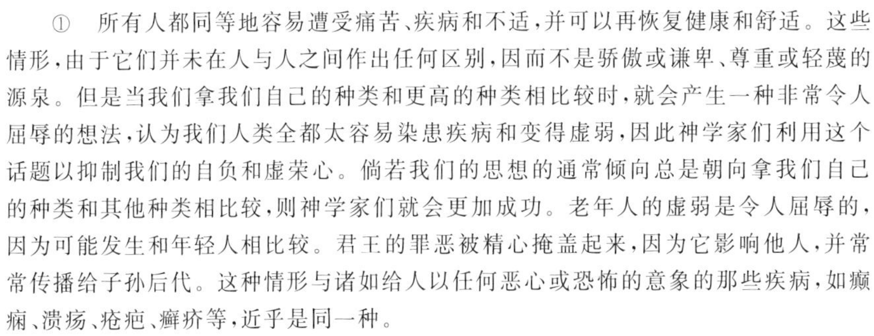

① 所有人都同等地容易遭受痛苦、疾病和不适，并可以再恢复健康和舒适。这些情形，由于它们并未在人与人之间作出任何区别，因而不是骄傲或谦卑、尊重或轻蔑的源泉。但是当我们拿我们自己的种类和更高的种类相比较时，就会产生一种非常令人屈辱的想法，认为我们人类全都太容易染患疾病和变得虚弱，因此神学家们利用这个话题以抑制我们的自负和虚荣心。倘若我们的思想的通常倾向总是朝向拿我们自己的种类和其他种类相比较，则神学家们就会更加成功。老年人的虚弱是令人屈辱的，因为可能发生和年轻人相比较。君王的罪恶被精心掩盖起来，因为它影响他人，并常常传播给子孙后代。这种情形与诸如给人以任何恶心或恐怖的意象的那些疾病，如癫痫、溃疡、疮疤、癣疥等，近乎是同一种。

指望从他人的财富而获得自己的好处的任何东西，尽管我们自然地尊敬富人，甚至在他们对我们显示任何如此令人好感的气质以前。

当我们距离他们的活动范围很远，以致他们甚至不能被假定拥有为我们服务的力量时，我们也为同样一些情感所打动。在一切文明的民族中，战俘受到与其身份相称的尊重；显而易见，财富在确定一个人的身份时起着相当大的作用。如果出身和品质也起着一部分作用，这仍然为我们提供一个对我们当前目的的证明。因为我们缘何称一个人出身显贵，难道不是他是一个其祖先有财富有权力的世家的后裔，他由于与我们所敬重的人有关系而获得我们敬重吗？因此，他的祖先虽已去世，然而由于他们的财富，在某种程度上仍然受到尊敬；因此，这种尊敬不带有任何种类的期望。

但是不必远到战俘或逝者那里去寻找对财富的这种无私的尊重的事例，我们只要稍稍留心观察日常生活和交往中所出现的那些现象即可。我们将假定，一个人自己具有足够的财富却没有任何职业，被引荐给一群素不相识的人，当他被告知他们不同的财富和身份时，他将自然地以不同程度的尊敬去对待他们，尽管他绝不会非常突然地提出、而且，或许也不会接受来自他们的任何金钱上的好处。旅行家总是依照其随从和装备所表明的他是豪富还是中般而被接纳进相应的交际圈，并受到相应的礼遇。简而言之，人们的等级差异在很大程度上是受财富所规范的，这对上等人与对下等人、对生人与对熟人都是一样。

因此，剩下的只是推断，当财富被我们自己仅仅作为满足我们现在或某一想象的未来时期的欲望的手段而欲求时，它们单纯因为它们具有那种作用才引起他人的敬重。这其实正是它们的本性或本质[①]；它们与生活的满足、便利和快乐直接地关联着。不然，一个破产银行家的汇票或一座荒岛上的黄金就会有其十足的价值。当我们接近一个我们认为自在的人时，我们就获得富足、满意、清洁、温暖这些令人快乐的观念，如惬意的住房、雅致的陈设、周到的服务以及饮食或穿着上凡令人称心如意的东西。反之，当一个穷困的人出现时，匮乏、赤贫、劳苦、肮脏的家具、粗糙的或褴褛的衣衫、倒胃的食物和败味的烈酒这些令人不快的意象就直接刺激我们的鉴赏力。说一个人富、另一个人穷，我们难道还有什么别的意味吗？由于尊重或轻蔑是这两种不同生活境况的自然的后果，因此很容易看出这为我们前述关于所有道德区别的理论增加了什么额外的证据和证明[②]。

一个人倘若已经根除一切荒谬的偏见，根据经验和哲学充分地、真诚地和坚定地相信财富的差异所造成的幸福的差异并没有通常所想象的那样大，这样一个人将不会依照他的熟人的租册来

---

① “本质”在《休谟哲学著作集》中原文为 essence，在 Selby-Bigge 版中原文为 offence，根据上下文来看，显然前者是正确的，后者系手民之误。——译者注

② 当我们考虑他人的财富和境况时，在我们的激情的作用中有某种不同寻常的、表面上似乎不可解释的东西。他人的进步或繁荣极其经常地引起忌妒，这种忌妒混合着浓厚的仇恨，主要产生于我们自己和那个人相比较。与此同时或至少间隔极短，我们就可以感受到尊敬的激情，这是一种混合着谦卑的好感或善意。反之，我们的同胞的不幸经常引起怜悯，这种怜悯在其自身中混合着浓厚的善意。这种怜悯的情感与轻蔑紧密地关联着，而轻蔑是一种混合着骄傲的厌恶。我只指出这些现象，作为像对于道德探究一样令人好奇的一个思辨的主题。对于我们当前的目的，一般说来注意到权力和财富通常引起尊敬、贫穷和卑贱引起轻蔑就足够了，尽管特定的景象和事件有时可能引起忌妒和怜悯的激情。

分配他的敬重的程度。诚然，他可能在外表上对贵胄比对奴仆表现出更多的敬意，因为财富是最固定最明确因而也是最方便的区别的源泉；但是他的内在的情感更多地是由人们的人格特征，而非由命运的偶然的和无常的惠爱所规范的。

在欧洲大多数国家，门第，亦即打上君王授予的头衔和徽章的印记的世袭财富，是区别的主要源泉。在英国，则更注重现有的富饶和富足。两种做法各有其利弊。在出身受尊敬的地方，消极萎靡的心灵耽于傲慢的怠惰，一心梦想的只是血统和谱系；慷慨而有抱负的人追求荣誉和权威、名誉和特权。在财富是主要偶像的地方，腐败、贿赂、劫夺盛行；技艺、制造业、商业、农业兴盛。前一种偏见有利于武德，更适合于君主政体。后一种偏见是勤奋的主要动力，更适合于共和政体。相应地我们发现，这些政体形式通过改变那些习俗的**效用**，各自通常对人类的情感具有相应的影响力。

第七章　论直接令我们自己愉快的品质

不论谁与严肃稳重、性情抑郁的人们一起度过一个傍晚，看到一个性情幽默、生气活泼的伙伴的到来一下子就使谈话活跃起来，人人变得精神焕发、语言生动、举止轻快，这样一个人将容易承认，**欢喜**(cheerfulness①)携带着巨大的价值，自然地赢得人们的好感。实际上，再没有一种品质是更容易将其自身传达给周围所有人的，因为在愉快的谈话和惬意的消遣中，再没有一种品质具有更大的展示其自身的倾向。它的光芒照耀遍整个交际圈，愠怒已极和苦闷不堪的人也常常为之所融化。虽然贺拉斯说，抑郁的人讨厌欢乐的人，对此我却难以苟同，因为我总是观察到，哪里有适度的和合乎礼仪的乐趣，哪里严肃稳重的人们就完全是更感高兴的，因为它驱散了那平常压抑他们的阴郁，给予他们一种不同平常的享受。

从欢喜在传达其自身和博得赞许这两方面的这种影响力，我们可以知觉到还有另一系列的心理品质，它们毋需对社会或对它们的拥有者自身的任何效用或任何更大利益趋向，就给予旁观者

---

① “Cheerfulness”一词在汉语中很难找到十分贴切的表达。它的主要含义是“振奋”、“快乐”、“高兴”和“喜悦”；在这里，我暂且试译作“欢喜”。——译者注

以一种满足，并赢得他们的友谊和尊重。对于那个拥有它们的人，它们的直接的感觉是愉快的。而他人，则通过感染或自然的同情而进入这同一种愉快的心境，领略这种情感；由于我们禁不住热爱凡是使人快乐的一切，因而对于那个传达出如此巨大满足的人我们就油然生起一种好感。与倘若我们面对一个性情抑郁、沮丧、愠怒和焦虑的人相比，他就是一个更激发我们活力的奇观，他的在场使我们获得更多的宁静的愉悦和享受，我们的想像力只要进入他的感情和气质就受到更愉快的感染。因此，伴随后者的就是好感和赞许；对待前者的则是厌恶和反感[①]。

很少有人会忌妒恺撒[②]所描绘的卡西乌斯[③]的性格：

他从不喜欢娱乐，
正如你安东尼；他从不听音乐；
他偶尔露出微笑，笑容却又那般
仿佛在嘲笑自己，嘲弄自己那
可以驱动来讥笑一切的心灵。

这样的人不但如恺撒所补充道的通常是**危险的**，而且即使他们内心有些许欢乐，他们也决不能变得令他人愉快，或有助于社交性的娱乐。

① 不存在这样的人，他在任何特定的场合都不受任何令人不快的激情如恐惧、愤怒、沮丧、悲痛、抑郁、焦虑等所影响。但是这些激情，就它们是自然的和普遍的而论，并没有在人与人之间造成任何差异，因而也决不能是谴责的对象。只有当人的气质对任何这类令人不快的激情发生一种**偏好**时，它们才有损性格形象，并因为产生不快而传达给旁观者以责难的情感。

② 恺撒，Caesar，公元前 100～前 44 年，古罗马执政官、统帅，独裁者和作家。其著作有《高卢战记》和《内战记》等。——译者注

③ 卡西乌斯，Cassius，？～公元前 42 年，古罗马贵族、高官，公元前 44 年刺杀独裁者恺撒的密谋集团的首领之一，曾被人称颂为爱国者。——译者注

在一切礼仪之邦和时代，对享乐的喜好，如果有节制和正派相伴随，甚至在那些最伟大人物身上也被尊崇为一种相当重要的价值，而在那些等级低下、身份卑微的人身上就变得更加不可缺少。一位法国作家对他自己心灵在这方面的状况作过一个令人愉快的描绘，他说："我爱不严厉的德性，我爱不娇纵的快乐，我爱不惧其终结的人生。"[①]

对于心灵的伟大或性格的高贵的任何卓越的事例，对于对情感的升华、对奴役的轻蔑，对于起源于德性自觉的那种高贵的骄傲和气概，谁不受到震撼呢？朗吉努斯[②]说，崇高经常不外是恢弘大度的回声或影像；这种品质在任何一个人身上显现出来，纵然他一言不发，它也激起我们的赞美和钦敬。这在《奥德赛》中埃阿斯[③]的著名的沉默里可以观察到，埃阿斯的沉默表达了任何语言都不能传达的更高贵的轻蔑和更决然的愤慨。[④]

帕曼尼奥[⑤]说："如果我是亚历山大[⑥]，我将接受大流士[⑦]的这

① "J'aime la vertu, sans rudesse;
J'aime le plaisir, sans molesse;
J'aime la vie, et n'en crains point la fin."
——圣埃弗雷蒙。

② 朗吉努斯，Longinus，213～273 年，古罗马修辞学家和新柏拉图主义哲学家，有《论崇高》等作品流传于世。——译者注

③ 埃阿斯，Ajax，希腊传说中萨拉米斯王忒拉蒙之子，通称大埃阿斯。他在与奥德修斯争夺英雄阿喀琉斯的胄甲中，因奥德修斯行贿而失败，愤然自杀。后来奥德修斯游冥界时遭遇其阴魂，被其以沉默相对待。——译者注

④ Cap. 9. [《论崇高》，第九章。]

⑤ 帕曼尼奥，Parmenio，约公元前 400～前 330 年，马其顿将军，公认为腓力二世及其子亚历山大大帝麾下最优秀的将领。——译者注

⑥ 亚历山大，Alexander，公元前 356～前 323 年，马其顿国王。公元前 334～前 330 年领导击退大流士三世的波斯军队，并率大军征服波斯全境。——译者注

⑦ 大流士，Darius，公元前？～前 330 年，古波斯帝国末代国王。——译者注

些提议。”亚历山大回答:“如果我是帕曼尼奥,我也如此。”朗吉努斯说,根据一条类似的原则,这个说法是值得钦敬的。[①]

当士兵拒绝跟从亚历山大远征印第斯[②]时,这位英雄对他们说:“去吧!去告诉你们的同胞,你们离开了正在完成征服世界的亚历山大。”对于这段话孔代亲王[③]钦敬不已,他说:“亚历山大被部卒所抛弃,身处尚未完全臣服的蛮邦,自己内心却有着这样一种帝王的尊严感和权利感,以致不能相信任何一个人都可能拒绝服从他。不论在欧洲或在亚洲,不论在希腊人中或在波斯人中,一切对他都没有什么两样:不论哪里他找到人,他就想像他将找到臣民。”

悲剧中美狄亚[④]的知心人建议她谨慎和屈服,并在列举这位不幸女英雄的所有危难之后问她,她以什么来支持她面对为数众多的死敌。“我自己,”她回答:“我是说就我自己,我自己足矣。”布瓦洛[⑤]正当地将这段话推崇为真正的崇高的一个事例[⑥]。

当伏西翁,谦逊而又高贵的伏西翁[⑦]被带往行刑时,他转身对

---

① Cap. 9.[《论崇高》,第九章。]

② Indies,似乎即印度。——译者注

③ 孔代亲王,Prince of Condé,1621～1686年,法国将领。——译者注

④ 美狄亚,Medea,希腊神话中神通广大的女巫,科尔喀斯公主。自古希腊欧里庇得斯以来不断有人以她为悲剧的主题。据说,她爱上了伊阿宋,帮他杀死了她自己的兄弟,抢走了她自己父亲的金羊毛,后遭伊阿宋所遗弃后,又亲手杀死了她自己和伊阿宋所生的两个儿子,以惩罚丈夫的薄情。她通常被当作特立独行、敢作敢为、情感炽烈的女性之典型。——译者注

⑤ 布瓦洛,Boileau,1636～1711年,法国新古典主义美学家和文艺批评家。——译者注

⑥ Réflexion 10 sur Longin.[关于朗吉努斯的反思之十。]

⑦ 伏西翁,Phocion,约公元前402～前318年,古雅典统帅,柏拉图的弟子之一。——译者注

一个正在哀叹自己命运乖蹇的难友说:“你同伏西翁一道死,这难道不是你莫大的荣耀吗?”①

在塔西佗笔下,维提里乌斯②从帝位上摔下来,在因可怜的贪生而苟延其耻辱时,被交给了冷酷无情的暴民,受拽拖、遭殴打、被踹踢,在他们以刀尖抵颏的情形下,被迫抬起头来,任自己受尽侮辱。何等凄惨的出丑!何等下贱的蒙辱!然而甚至在这里,面对这幅惨景,这位历史学家却说,他发现了一颗并未完全堕落的心灵的某些征象。对一个侮辱他的护民官,他回答说:“我仍然是你的皇帝!”③

我们从不原谅一个人的性格绝对地缺乏气概和尊严,亦即他在社会中和在日常生活交往中对归于其自我的某种东西的一种适当的感觉。这种恶行构成我们恰当地称谓的**卑贱**,例如一个人为了达到自己的目的而可忍受最低贱的奴役,巴结那些凌辱他的人,和亲近那些不值得交往的低贱之辈而降低自己。一定程度的慷慨的骄傲或自重是如此不可缺少,以致心灵中没有它就使人感到不快,其情形正如同脸上没有鼻子,眼睛,或任何最关键的部分,或身

① Plutarch in Phoc.[普鲁塔克:《伏西翁传》。]

② 维提里乌斯,Vitellius,? ～69 年,古罗马朱里亚·克劳狄王朝最后一位皇帝,即位不到一年就被推翻。——译者注

③ Tacit. Hist. lib. iii. [塔西佗:《历史》,卷 III。]作者在着笔叙述时说,*Laniata veste, foedum spectaculum ducebatur, multis increpantibus, nullo inlacrimante*: deformitas exitus miscricordiam abstulerat. [**撕破的衣衫,拽拖的惨状,众人的诅咒,没有人对此感到悲伤落泪**;他最后一幕的丑恶表现已使人们无法对他产生怜悯之情。]为了完全进入这种思维方法起见,我们必须考虑古代的准则,即一个人不应当在其生命已经变得不名誉时还延续它;但是,由于他总是具有处置它的权利,于是放弃它就变成一项义务。

体没有任何最关键的肢体一样[①]。

勇敢对公共和对那个拥有它的人的效用，是它的价值的明显的基础；但是对于任何一个充分看重勇敢的价值的人，这个品质似乎还有另外一种特别的光辉，这种光辉完全来自它自身，来自与它自身不可分离的那种高贵的升华。它在画家和诗人笔下的形象，每一个细节都展现出庄严和无畏的自信，这种庄严和无畏的自信吸引目光、博得感情、并通过同情而将一种类似的庄严之情传播给每一位旁观者。

当德摩斯替尼[②]为他自己的执政辩解，为他曾用以激励雅典人的那种对自由的坚贞的热爱辩护时，这位演说家是在以何等绚丽的色彩描绘腓力啊！他说："我注视腓力，这个你们曾与之不屈不挠斗争过的人，他在对帝国和版图的追求中饱受了一切伤创，他的眼睛划破了、脖子扭伤了、臂膀和大腿刺穿了，不论命运想要攫取他身体的哪个部分，他都心甘情愿地予以舍弃，假如凭借剩下的，他可以光荣而声名显赫地活着。有人会说，他出生在佩拉[③]这个从前卑微低贱的地方，就应当受到如此高度的野心和如此强烈

---

① 德性的缺乏经常可能就是一种恶行，而且是那种最高的恶行，正如在忘恩负义和卑贱的事例中那样。当我们期望一种美时，失望就引起不快的感觉，并产生一种实在的丑。同样，性格的卑劣在另一种观点下就是可恶的和可鄙的。如果一个人在他自己身上感觉不到什么价值，我们也不可能对他有任何更高的敬重。如果这同一个人对高于他的人卑躬屈膝、对低于他的人傲慢无礼（正如经常发生的那样），那么其行为举止的这种对立就不是矫正前一种恶行，而是通过增添一种更可憎的恶行而极大地加重它。参见第八章。

② De Corona.［《论桂冠》。］

③ 佩拉，Pella，马其顿的一个城市，公元前五世纪末开始为马其顿国首都。——译者注

的名望欲的激励；而你们雅典人，则如何如何。”这些赞美激起我们最强烈的钦敬，但是我们看到，这位演说家所描绘的景象并没有将我们提高到这位英雄本人之上，也决没有注重他的英勇在将来的有益后果。

罗马人好战的禀性在连绵不断战争的烈焰的催化下，把他们对勇敢的敬重提升到如此高度，以致在他们的语言中，勇敢由于其对一切其他道德品质的优越性和卓越性而被称为**德性**。依塔西佗之见[①]，“苏维威人[②]怀着一种值得称道的意图而装扮他们的头发；不是为了爱和被爱，他们装饰自己只是为了敌人，为着看上去更加恐怖。”这位历史学家所说的这种情感在其他民族和其他时代可能听起来很古怪。

按照希罗多德的说法[③]，西徐亚人[④]把敌人剥剐之后将他们的皮肤像皮革一样穿戴、作为手巾一样使用，他们中谁的这种手巾最多，谁就最受敬重。在这个民族，也像在许多其他民族一样，对战争的英勇的过分崇尚毁灭了人道的情感，这一肯定更有用和更魅人的德性。

其实可以观察到，在迄今尚未充分经验到仁爱、正义以及其他各种社会性的德性所带来的好处的一切未开化的民族中，勇敢是

① De moribus Germ.［《论日耳曼人的风俗》(参见塔西佗：《阿古利可拉传日耳曼尼亚志》，马雍译，商务印书馆 1959 年版，第 74 页)。］

② 苏维威人(Suevi)，又称苏维比人(Suebi)，古日耳曼人一支，大致生活在莱茵河以东地区，并延伸至易北河及波罗的海沿岸附近。——译者注

③ Lib. iv.［希罗多德：《历史》，卷 IV。］

④ 西徐亚人(Scythians)，古代生活在黑海北部及东北部和咸海东部的民族，曾建立西徐亚王国。——译者注

最卓越的优秀品质，最为诗人们所讴歌、最受父母和导师们所推崇、最被全体公众所钦敬。在这个方面，荷马的道德准则与其卓越的模仿者费奈隆[①]的道德准则完全不同，它们十分适合于那样一个时代，在那里正如修昔底德所谈到的那样[②]一个英雄可以问另一个英雄他是否是强盗却并不至于冒犯他。这也正是晚近爱尔兰许多野蛮地区所盛行的那套道德准则，如果我们可以信赖斯宾塞[③]对那个王国的状况所作的富有见地的说明的话[④]。

与勇敢同属一类德性的是那种超越于痛苦、悲伤、焦虑以及命运的各种打击之上，不受干扰的哲学的宁静。哲学家们说，哲人自觉到自己的德性，使自己超然于人生的一切偶然之上，稳居于智慧的圣殿之中，俯视那些忙忙追逐于荣誉、财富、名望以及各种无谓享受的下界凡夫俗子们。毫无疑问，这些自负的主张，当扩展到极致时，就是过于恢弘壮丽而不适合于人类本性的。然而，它们带有一种抓住旁观者、并激起他们钦敬的庄严。我们在实践中愈能贴近这种崇高的宁静和淡泊（因为我们必须将它与愚蠢的麻木区别开来），我们在自己内心就将获得愈可靠的享受，我们就将发现心灵比世界愈伟大。其实，这种哲学的宁静只能看作恢弘大度的一

① 费奈隆，Fénélon，1651～1715 年，法国作家、教育家、大主教。——译者注

② Lib. i. [修昔底德：《伯罗奔尼撒战争史》，卷 I（参见汉译本，谢德风译，商务印书馆 1960 年版，第 4 页）。]

③ 斯宾塞，Edmund Spenser，1552～1599 年，英国诗人，1580 年以后一直在爱尔兰担任公职。——译者注

④ 他说，在他们那些绅士们的公子当中，一种通常的做法是，一俟他们能使用武器，他们就招募三四个散兵游勇，同他们一道到乡间到处游荡，只带食物，最终他们会陷入某种困境，经过付出努力才摆脱出来；这件事一旦宣扬出去，他们从此就算是有价值的、勇敢的人。

个分支。

谁不钦敬苏格拉底，不钦敬他身处赤贫和家庭烦恼中却始终如一地保持平静和满足，不钦敬他在拒绝朋友和门徒的一切帮助，乃至避免依赖于任何恩惠时表现出的对财富的断然轻蔑和对维护自由的慷慨关怀？爱比克泰德[①]一无所有，竟至于没有一扇门来遮挡其陋室或者说茅屋，故而不久便丢失了他的铁灯，那惟一值得拿走的家什。而他决意让以后的一切盗贼失望，代之以一盏陶灯，这盏灯他从此以后一直太平地保有着。

在古代人中，哲学的英雄也像战争的英雄和爱国的英雄一样，具有一种情感上的庄严和力量，我们现代人褊狭的心灵为之感到惊讶，将之当作过度的和超自然的而轻率地予以抛弃。我认为，他们反过来也将有同等理由把人道、仁慈、秩序、安定以及我们现代政府管理中所达到的各种其他社会性的德性，看作不切实际的和不可思议的，如果他们那个时代能够有人对这些社会性的德性作出清楚描绘的话。这是大自然，或者毋宁说教育，在将各种卓越的品质和德性分配给不同时代时所作出的补偿。

仁爱的来自其效用和促进人类利益的趋向的价值已经得到了解释，而且毫无疑问，这份价值是对仁爱表示如此普遍的敬重的**相当大**一部分源泉。但是人们也将承认，仁爱情感的温柔和体贴，它的迷人的亲切、温情的表达、无微不至的关怀以及那在爱和友谊的热烈依恋方面发挥着作用的相互信赖和尊重的全部流露，我是说，

① 爱比克泰德，Epictetus，50～138年，古罗马人，晚期斯多亚派哲学家。——译者注

人们将承认，这些感受在令他们自己愉快的同时，必然被传达给旁观者，将他们融化在这同一种温情和体贴中。当我们领略这类热烈的情感时，我们自然就热泪盈眶，胸膛起伏、心潮澎湃，而我们本性结构中的每一条人道温柔的原则就发动起来，给予我们最纯净、最满足的享受。

诗人们在对天堂乐土进行描绘时，虽然认为那些神圣的居民无需相互帮助就可以存在，却仍将他们描绘为经常保持着爱和友谊的交往，借助这些柔和优雅的激情的令人愉快的意象来抚慰我们的鉴赏力。根据一条相同的原则，关于田园牧歌式的阿卡迪亚[①]的温柔宁静的观念是令人愉快的，这在前面已有说明[②]。

谁愿意生活在无尽无休的争吵、辱骂和相互攻讦之中呢？这些情绪的粗暴和尖刻干扰我们，使我们感到不快；我们由于感染和同情而遭受痛苦，我们也不能继续作漠然中立的旁观者，即使我们可以确信这种愤怒的激情决不会带来任何有害的后果。

作为仁爱的价值并非全部导源于其有用性的一个确定的证据，我们可以观察到，有一种亲切的谴责方式，即当一个人超出他的社会职责，去关心他自己职权范围以外的他人时，我们就说他是“太善良的”。依照类似的方式，我们也说一个人是“太有气概的”，“太无畏的”，“太漠视命运的”；这些责备其实在根本上比许多颂扬还包含更多的敬重。由于我们已经习惯于按照性格的有用的或有害的趋向来评判它们的价值或过失，因此当我们发

① 阿卡迪亚，Arcadia，古希腊的一个高原地区，那里的居民以生活淳朴和幸福而著称于世。——译者注

② 第五章，第二节。

现一种情感达到伤害的程度时，我们就禁不住使用这个谴责的言辞；但是同时也可能出现这样的情形，这种情感的高贵的升华或迷人的温柔是那样动人心弦，以至于反而增强我们对那个人的友谊和关怀[①]。

在联盟内战期间[②]，法兰西亨利四世[③]的恋爱和恋情经常损害他的利益和事业；但是至少所有那些能对这种温柔的激情发生同情或共鸣的多情的年轻人都将承认，正是这个弱点（他们将更乐意于使用弱点这个词）尤使这位英雄令人喜爱，并使他们对他的好运感兴趣。

查理十二世[④]的过度英勇和坚定不屈毁灭了他的社稷，侵扰了他的众邻；但是它们在外观上却有着那样的庄严和伟大，以至于激起我们的钦敬；而且它们如果不是有时表现出过于明显的疯狂和迷乱的征象，它们在某种程度上甚至可能获得我们的称赞。

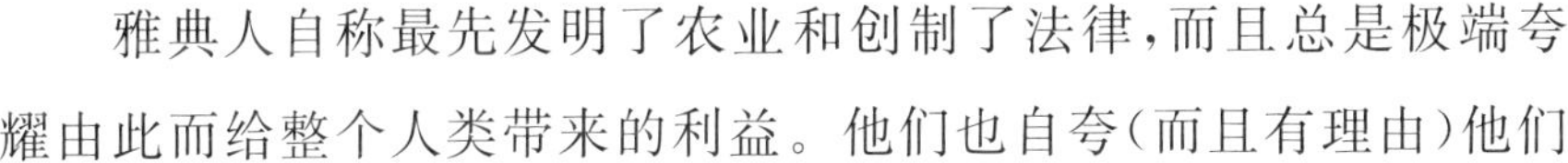

雅典人自称最先发明了农业和创制了法律，而且总是极端夸耀由此而给整个人类带来的利益。他们也自夸（而且有理由）他们

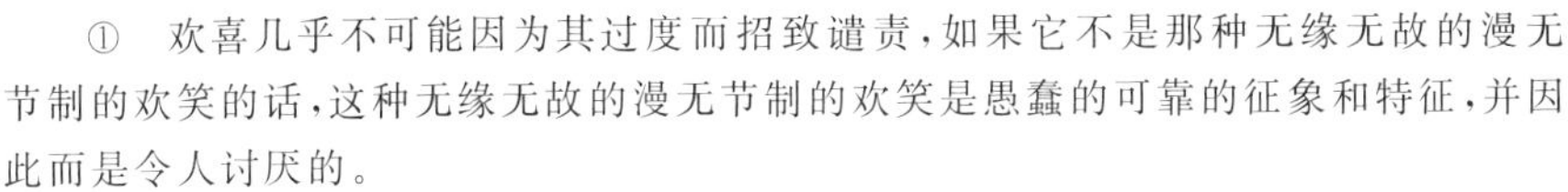

① 欢喜几乎不可能因为其过度而招致谴责，如果它不是那种无缘无故的漫无节制的欢笑的话，这种无缘无故的漫无节制的欢笑是愚蠢的可靠的征象和特征，并因此而是令人讨厌的。

② 即16世纪法国宗教战争。——译者注

③ 法兰西亨利四世，Harry the IVth of France，波旁王朝第一位国王，1589～1610年在位，以其军事和政治才能而使法国摆脱长期的宗教战争得以复兴。Harry是他的昵称。——译者注

④ 查理十二世，Charles the XIIth，1682～1714年，瑞典国王。1700年发动北方战争，对抗沙俄、波兰和丹麦等国，并战胜丹麦和波兰；1714年进攻挪威，在战斗中阵亡。——译者注

的战争业绩，尤其是对大流士[1]和泽尔士[2]统治期间入侵希腊的那些难以计数的波斯战舰和军队的战争。在这些和平的荣誉和战争的荣誉之间，尽管就效用而论无法进行比较，然而我们发现，为这座名城[3]写下精美颂词的演说学家们都主要以展示其战争成就而获得成功。吕西阿斯[4]、修昔底德、柏拉图、伊索克拉底，他们全都有着同样的偏重，这种偏重尽管受到平静的理性和反思的谴责，然而在人类心灵看来却是那样自然。

可以观察到，诗的巨大的魅力在于崇高的激情如恢弘大度、勇敢、藐视命运等的生动的形象，或温柔的感情如爱和友谊等的生动的形象中，这些生动的形象温暖人心，向人心传播类似的情感和情绪。尽管可以看到，所有种类的激情，甚至诸如悲伤和愤怒这些最令人不快的激情，当被诗激发出来时，都传达出一种根据自然机制不容易得到解释的满足，然而，那些更崇高或更温柔的感情却有一种特殊的影响力，并由于一个以上的原因或原则而使人快乐。更不用说，惟有它们才激发我们对诗中人物的命运的兴趣，或传达对这些人物的性格的任何敬重和好感了。

难道或许可以怀疑，诗人的这种打动激情的才能本身，情感的这种哀婉和崇高，是一种非常重要的价值，而且当它被它的极端稀

① 大流士，Darius，即大流士一世，约公元前558～前486年，古波斯帝国国王。在位期间极力向外扩张，东侵印度河流域，西征西徐亚等地，并发动对希腊的战争。——译者注

② 泽尔士，Xerxes，约公元前519～前465年，大流士一世之子，古波斯帝国国王。公元前480年在波希战争中率舰队远征希腊，次年大败而归。——译者注

③ 即雅典。——译者注

④ 吕西阿斯，Lysias，约公元前445～前380年，希腊职业演说家。——译者注

罕所增值时，可以将拥有它的那个人提升至他所生活的时代的一切人物之上吗？奥古斯都[①]的明智、灵巧、稳重和仁政，在其高贵的出身和威严的皇冠的全部庄严华彩的装饰下，使得他与维吉尔在名望上成为不平等的竞争者，后者除了诗歌天才的神性的美，没有任何东西可以充当与之相抗衡的砝码。

对这些神性的美的那种感受性，或者说一种精致的趣味，其本身在任何人物身上都是一种美；因为它传达出一切享受中最纯净、最持久和最无害的享受。

以上事例说明，有一些种类的价值之所以受到珍视，是因为它们直接传达给那个拥有它们的人以快乐。效用的观点或将来有益后果的观点并没有进入这种赞许的情感中；然而这种赞许的情感却与由公共的或私人的效用的观点所产生的另一种赞许的情感属于一个相似的类型。我们可以观察到，这两种情感都产生于同一种社会性的同情，亦即对人类的幸福或苦难的同胞感（fellow-feeling）；我们目前这个理论的所有部分中的这种类比，都可以正当地视之为对这种社会性的同情的一种确证。

① 奥古斯都，Augustus，公元前63年～公元14年，原名屋大维，恺撒的侄外孙和养子，罗马帝国第一位皇帝。——译者注

第八章　论直接令他人愉快的品质[①]

正如在**社会**中各种相互冲突以及利益和自爱上的各种对立强制人类确立了**正义**的法则，以便保持相互援助和保护所带来的好处，同样，在**交际圈**中人们的骄傲和自负引起的连续不断的矛盾也引入了**良好作风**或**礼貌**的规则，以便有利于心灵的交流和一种不受干扰的交往和谈话。在素有教养的人中，相互的敬重装做出来，对别人的轻蔑掩饰起来，权威含而不露，注意力轮流给予每一个人，谈话保持流畅自如，没有激动、没有打断、没有对胜利的渴望、没有高人一等的神情。这些注意和尊重令他人根本无须考虑效用或有益趋向就直接感到愉快；它们博得好感，增加敬重，极度提高那个以它们规范自己的行为的人的价值。

礼貌的形式有许多是任意的和偶然的，但是它们表达的内容仍然是同一个。西班牙人在客人之前走出自己的房屋，以示一切让客人做主；在其他国家，主人最后出来，作为敬意和尊重的通常标志。

但是要使一个人**精通交际**，他不但必须具有良好作风，还必须

① 德性的本性、其实德性的定义就是，它是**心灵的一种令每一个考虑或静观它的人感到愉快或称许的品质**。但是一些品质产生快乐，是因为它们有用于社会，或者有用于或愉快于那个人自身；另一些品质产生快乐则更直接些，这就是这里所考虑的这类德性的情形。

富有**机趣**和**真诚坦率**。何谓机趣，要界定起来可能并不容易；但这样规定它无疑是容易的：它是一种直接令他人感到**愉快**、一出现就传达给每一个对它有任何领略的人以强烈的欢乐和满足的品质。固然，最深奥的形而上学可以用来解释机趣的各种不同的类型，机趣的许多划分——它们现在是按照趣味和情感的独一无二的见证而作出的——或许也可以被分解成一些更一般的原则。但是就我们目前的意图而言，这一点就是足够的：它影响趣味和情感，当给人以直接的享受时，构成赞许和好感的可靠根源。

在人们把大部分时间花在谈话、访问和聚会上的国家，这些**善交际的**品质可以说受到很高的评价，构成个人价值的首要部分。在人们以家庭生活为主、不论工作或娱乐都保持在狭窄的熟人圈中的国家，稳重敦厚的品质尤其受到重视。因此，我们常常观察到，在法国人中，对于陌生人的首要问题是："他讲礼貌吗？""他有机趣吗？"而在我们自己的国家，人们所给予的主要称赞总是"他是个性情温厚、明事达理的人"。

在谈话中，活泼的对话气氛是**令人愉快的**，甚至对那些根本不想参与谈话的人也是这样；因此，冗长故事的讲述者或夸夸其谈的雄辩家是很难受到称赞的。但是绝大多数人都同样期望在谈话中有轮到他们的机会，并以十分恶毒的目光看待那种剥夺他们这一天然惟恐失去的权利的**饶舌**。

有一种无害的**谎言**在交际圈中是经常碰到的，人们大都以一套奇妙的方式对待它。这种谎言通常意在使人快乐和得到消遣；但是由于人们最感快乐的是他们设想为真的那些东西，因而这些人常常完全误解这种取乐的手段，招致人们普遍的谴责。然而，某种说谎或虚构的特权却被给予了**幽默**故事;因为在那里它确实是令人感到愉快和有趣的,而真实则根本无关紧要。

雄辩,各种天才,甚至健全的理智和可靠的推理,当达到卓越的程度并被运用于任何极其精深玄奥的主题时,所有这些禀赋似乎都是直接令人愉快的,具有一种与其有用性截然不同的价值。稀罕性,这一极大地提升事物的价格的性质,也必定同样为人类心灵的这些高贵的才能增添额外的价值。

谦逊可以从不同的意义加以理解,甚至可以从前面已经探讨过的贞洁中抽象出来。它有时是指对荣誉的那种敏感和谨慎、对遣责的那种担心、对侵犯或伤害他人的那种恐惧以及作为一切德性的专职守护者和恶行或腐败的可靠防卫者的那种**端庄**(Pudor)。但是它最通常的意义却是与**轻率**和**傲慢**相对,表示对我们自己的判断缺乏信心和对他人给予适当的注意和尊重。尤其在年轻人身上,这一品质是健全理智的可靠标志,也是使他们始终不忘倾听教诲、在取得新成就之后依然保持进取从而不断增进健全理智这一禀赋的有效手段。而对于每一位旁观者,这一品质通过谄媚每一个人的虚荣心、表现出一副对他们说出的每个字都洗耳恭听的温顺学童的神情,而有着另一层更深的魅力。

一般说来,人们大多倾向于高估自己,而不是低估自己,尽管亚里士多德对此有不同意见[①]。这致使我们更加小心防患于前一方面的过度,而以一种特别纵容的态度看待一切谦逊和缺乏自信的趋向,因为我们估计自己少有陷入这种性质的任何恶性极端的

① Ethic. ad Nicomachum.[《尼各马可伦理学》,卷Ⅳ,第3章。]

危险。因此在人们身体容易发胖的国家，较之于在肥胖是最通常的缺点的国家，个人的美更大程度地在于苗条。因为极端频繁地受到某种丑的众多事例的强烈刺激，人们将认为他们绝不可能与这种丑保持足够的距离，而总是希望有一种向其对立面的倾斜。同样，如果向自我称赞敞开大门，如果蒙田[①]的这个准则得到遵守，即我们应当像我们常常认之为真确的那样坦率地说“我有理智，我有学问，我有勇气，美，或机趣”，我是说，如果这成其为事实，人人就将感到那样一股傲慢的洪流向我们席卷而来，竟至于使社会变得完全不可忍受。因为这个理由，习俗就为日常社会立下这样一条规则：人们不应当放纵自己的自我称赞，甚或不应当过分谈论自己；只有在亲密的朋友或男子汉大丈夫之间，一个人才容许公正地看待自己。没有人对奥伦治亲王莫里斯[②]的回答吹毛求疵，当有人问他尊崇谁为当代第一位将军时，他回答：“斯比诺拉侯爵是第二位。”尽管可以看出，这其中蕴含的自我称赞较之于它不经任何修饰或遮掩而直接表达出来时要更多。

如果有人想象，一切相互敬重的事例都会得到真诚的理解，一个人会因为不知其自身的价值和才艺而更受尊重，他必定是一位十分肤浅的思想家。一种对于谦逊的微弱偏向，甚至在内在情感中，也将受到友好的对待，尤其是在年轻人身上；而一种对于谦逊的强烈偏向也被要求体现于外在行为中；但是这并不排除一种高

① 蒙田，Montaigne，亦译蒙太涅，1533～1592 年，法国散文家、思想家、怀疑论者。——译者注

② 莫里斯，Maurice of Nassau，Prince of Orange，1567～1625 年，荷兰共和国军队的缔造者，著名军事家和政治家，多次领导击退西班牙人的入侵。——译者注

贵的骄傲和气概，这种骄傲和气概在一个人不论遭受何种中伤或压迫时都可以公开地、充分地显露出来。苏格拉底对法庭的高贵的轻蔑——正如西塞罗所称，在一切时代都受到高度的颂扬，而当被联系于他平常行为的一贯谦逊时，就形成一种闪光的性格。雅典人伊菲克拉底[①]当被指控背叛其国家利益时质问其指控者说："在相同的场合，你会犯下这一罪行吗？"指控者回答："决不会。"这位英雄说："那么你能想象伊菲克拉底会犯下吗？"[②]简言之，一种基础稳固、掩饰得体、勇敢地承受着痛苦和中伤的慷慨的气概和自重是一种伟大而卓越的品质，其价值似乎导源于其情感的高贵的升华，亦即其对于其拥有者的直接愉快性的高贵的升华。在普通人身上，我们赞同一种对于谦逊的偏向，它是一种直接令他人愉快的品质；前一种德性的恶性过度、亦即傲慢或目空一切是直接令他人不快的，后一种德性的过度则是直接令其拥有者不快的。这样，这些义务的界线就得到了厘清。

对名望，荣誉，或声望的欲求远远不能受到谴责，竟至于它仿佛是与德性、天才、能力以及高尚的或高贵的气质不可分离似的。为了快乐而对甚至琐事给予注意也是社会所期望和要求的；一个人在社交场合比在自己家中同家人一起消闲更注意衣着的高雅和谈话的流畅，没有人会感到惊讶。那么，如此理直气壮地视之为一种缺点或瑕疵的**虚荣心**何在？它似乎主要在于我们对自己的利益、荣誉和才艺的那样一种没有节制的展示，在于我们对称赞和钦

① 伊菲克拉底，Iphicrates，约公元前418～前353年，雅典将军，因拒绝在一场暴风雨中作战而被指控犯有叛国罪。——译者注

② Quinctil. lib. v. cap. 12.［昆体良：《演说家准则》，卷V，第12章。］

敬的那样一种急切而公然的要求，而这对他人是触犯性的，过多地侵犯了**他们**隐秘的虚荣心和野心。除此之外，它也是心灵缺乏真正的尊严和崇高的一个可靠的征象，这种真正的尊严和崇高在任何人物身上都是极其伟大的装饰。因为，为什么要如此急切地欲求称赞，仿佛你没有正当的资格去配获得它，不可以合理地期望它将永远属于你呢？为什么要如此迫切地告知我们你所保持的显要的交际，告知我们你所受到的礼遇，告知我们你所获得荣誉、勋章，仿佛这些并非理所当然的东西，不告诉我们，我们就不能自己想象出来呢？

正派，或者说对年龄、性别、性格和俗世地位的一种适当的尊重，可以列入直接令他人感到愉快、并因此而获得称赞和赞许的品质。男人的娇柔的举止，女人的粗鲁的作风，这些是丑的，因为它们不适宜于他们各自的性格，不同于我们对不同性别所期望的品质。这就仿佛一出悲剧充满喜剧的美，或一出喜剧充满悲剧的美。失调的比例伤害人的眼睛，传达给观众一种不快的情感，这种情感构成谴责或责难之源。这就是西塞罗在其《论义务》中非常详细地解释过的那种 *indecorum*［不适宜］[①]。

在其他德性中，我们也可以给予**清洁**一个位置，因为它自然地使我们令他人感到愉快，而且是爱和好感的并非无关紧要的源泉。不会有人否认这方面的疏忽是一个缺点；由于缺点不外是小恶，而

① 西塞罗：《论义务》，卷 I，第 27－42 章，尤其第 35－36 章。拉丁文 decorum 一词在汉语中很难找到非常贴切的对应词，现有两种不同的译法：徐奕春在《西塞罗三论——老年·友谊·责任》（商务印书馆 1998 年版）中译作“恰当”，关文运在《人性论》（商务印书馆 1980 年版）中译作“适合”；而我则更愿意使用“适宜”。——译者注

这个缺点除了在他人中激起的不快的感觉不可能有任何其他的起源；因此，从这个表面看来似乎非常琐屑的事例，我们可以清楚地发现博学者们曾经对之陷入充满困惑和谬误的迷宫的道德区别的起源。

但是，除了我们能够对其美之起源在某种程度上给予解释和说明的所有**令人愉快的**品质，还有另外某种神秘的和不可解释的东西，它传达给旁观者一种直接的满足，但是对于其作用方式，根源，或理由，旁观者不能妄谓可以规定。有一种风度、一种优雅、一种自在、一种从容、一种我不知其为何物的东西，一些人超越于他人之上而拥有着它，它非常不同于外在的美和秀丽，而是几乎陡然地和有力地抓住我们的感情。尽管这种**风度**主要是在其所隐藏的魔力很容易得到解释的两性之间的情欲上被人们谈论到的，然而它在我们关于性格的整个评价中一定在相当大程度上起着支配作用，构成个人价值的并非无足轻重的部分。因此，这类才艺必须完全交给趣味和情感的盲目的、但却可靠的见证去处理，必须看作大自然为了阻挫哲学的全部骄傲、使哲学意识到自己狭窄的范围和微薄的收获而留下的伦理学之一部分。

我们因为另一个人的机趣，礼貌，谦逊，正派，或他所拥有的任何一种令人愉快的品质而称许他；尽管他或许并不是我们的熟人，也决不可能通过这些才艺而给予我们以任何享受。我们关于这些才艺对他自己的熟人的作用所形成的观念对我们自己的想像力有一种令人愉快的影响，使我们产生赞许的情感。这条原则在我们关于作风和性格所形成的所有判断中都发挥着作用。

第九章　结　论

第　一　节

看来可能有理由令人感到惊奇，在如此晚近的时代，有人会发现必须通过精致的推理或反思来证明，个人价值完全在于拥有一些对**自己**或**他人有用的**或令**自己**或**他人愉快的**心理品质。或许可以期望，这条原则，甚至最原始最没有实践经验的道德探究者都会想到，并且由于它自身的明证性，毋需任何证明或争论就会接受。凡是具有不论何种价值的东西都如此自然地把其自身归入**有用的**或**令人愉快的**、**utile**［效用］或 **dulce**［愉快］的划分之下，以致我们想要想象我们缘何应当作出更进一步的探索，或将这个问题当作一个有待细致研究的主题，都是不容易的。由于一切有用的或令人愉快的事物都必定拥有这些不是与**自己**有关就是与**他人**有关的性质，因而对价值的完整的描绘或描述就似乎可以自然地得到完成，仿佛太阳投下阴影或水面映出倒影那样。如果阴影投于其上的地面不是支离破碎和凹凸不平，倒影由之映出的水面不是波澜荡漾和混浊不清，一个正确的形象就会立即呈现出来，无需任何技巧，不费任何心神。看来一个合理的推测是，当一个如此简单明白的理论能够如此长久地逃脱我们的最精心的检查时，各种体系和假说把我们的自然知性引入了歧途。

但是不论在哲学中的遭遇可能如何，在日常生活中，当我们对人类的行为举止作出任何颂扬或讽刺、赞许或责难时，这些原则仍然被我们委婉地坚持着，我们也从没有求助于任何其他的关于称赞或谴责的论题。如果我们观察人们在工作或娱乐时的每次交往中、每次会话和交谈中的情形，我们将发现，他们除了在学校里，从没有在任何地方丝毫偏离这个主题。例如，还有什么是比下面这段话更自然的呢？我们将假定，一个人对另一个人说，你真是幸福，你把女儿嫁给了克利安提斯。他体面而又仁厚。每一个与他有任何交往的人都肯定受到**公平**和**友好**的对待[①]。另一人说，我也祝贺你这位女婿前程远大，他学习法律刻苦用功，对人类和对事务都具有敏锐的洞察和超前的认识，这些预示着他最伟大的光荣和进步[②]。第三个人回答说，你们把克利安提斯说成一个专注事业和刻苦用功的人令我感到惊讶。最近我在一个极为轻松愉快的交际圈里碰到他，他是我们的谈话的生命和灵魂，那么机趣而风度优雅、那么殷勤而不矫揉做作、那么富有启发性的知识而表达那样文雅，我以前从未在任何人身上见到过[③]。第四个人说，如果你们对他了解更深，你们会更钦敬他。你们在他身上或许已经见到的那种欢喜不是由交际激发出的突然闪现；它贯穿于他的人生的全部历程，使得他的表情总是保持安详，使得他的灵魂总是保持宁静。他曾经历严重的艰难、不幸和危险，然而凭借心灵的伟大，他仍然超越了所有那一切。我叫喊道，先生们，你们在这里描绘的克

① 对他人有用的品质。

② 对自己有用的品质。

③ 直接令他人愉快的品质。

利安提斯的形象是一个具有完满价值的形象①。你们每个人都为他的形象描画了一笔，你们不知不觉使他超过了格雷蒂安和卡斯蒂廖内所描绘的一切形象。哲学家可能把这种性格选作完美德性的典范。

由于每一种对我们自己或他人有用的或令我们自己或他人愉快的品质在日常生活中都被承认是个人价值的一部分，因此当人们通过他们的自然的无成见的理性、抛开迷信和伪宗教的虚幻曲解而判断事物时，他们将决不会接受它们之外的任何其他的品质。独身、斋戒、苦行、禁欲、克己、谦卑、沉默、孤居独处以及整套僧侣式的德性，它们缘何处处为理智健全的人们所摒弃，不正是因为它们不有助于任何一种目的，既不提高一个人在俗世的命运，也不使他成为社会中更有价值的一员，既不使他获得社交娱乐的资格，也不为他增添自娱的力量吗？相反，我们看到，它们取消所有这些值得欲求的目的，麻痹知性且硬化心肠、蒙蔽想像力且使性情乖张。因此，我们正当地将它们转移到对立的阵营，置于恶行的栏目中；任何迷信也没有足够的力量在俗世的人们当中把这些自然的感情完全引入歧途。一个性情抑郁、心智迷乱的狂信者，其死后或许可以在日历中占据一个地位，其活着时除了被那些像他自己一样神志昏乱和情绪阴郁的人所接纳，几乎决不会被任何亲友和社会所接纳。

看来，我们目前这一理论没有卷入那场关于仁爱或自爱在何种程度上在人类本性中居于支配地位的粗俗争论乃是一件幸事；

① 直接令自己愉快的品质。

这场争论决不可能达到任何结果，这既是因为参与争论的那些人都是不易说服的，也是因为争论双方所能提出的现象是如此散漫、如此不定、而且可容有如此众多的解释，以致要精确地比较它们，或从它们引出任何明确的推论或推断，几乎是不可能的。对于我们目前这个理论，如果承认——这谅必不是极端荒唐而是无可争辩的，有某种不论多么微小的仁爱被注入了我们的胸怀，有某种对人类的友谊的火花，有某种和平鸽的微粒与狼和蛇的成分一道被糅进了我们的构造，就足以满足我们的目的。即使我们假定这些慷慨的情感从来就是如此微弱，即使它们甚至不足以驱动我们身体的一只手甚或一个手指头，它们也必定仍然指导我们心灵的规定，而且在所有其余条件相等的情况下，必定对凡是有用于和有助于人类的东西、而非对有害的和危险的东西作出一种冷静的优先选择。因此，一种**道德区别**，一种谴责和赞许的一般的情感，一种对前者的不论多么微弱的趋向和对后者的不论多么微弱的反感，就立即出现。那些真心诚意地坚持自私性统治着人类的推理者，当听到对德性的这些微弱的情感植根于我们的本性时，也将不会感到丝毫惊讶。相反，我们将发现他们像乐意于坚持前一种信条一样乐意于坚持后一种信条；而他们的这种讽刺精神（因为它看起来如此、而非腐败精神）就自然地产生两种意见，这两种意见其实相互之间具有某种紧密的几乎不可分割的联系。

贪婪心、野心、虚荣心以及通常（虽然不恰当地）包含在**自爱**这个名称之下的所有激情在此被排除于我们关于道德起源的理论之外，不是因为它们过于微弱，而是因为它们对于我们关于道德起源的理论没有适当的指引。道德这一概念蕴涵着某种为全人类所共通的情感，这种情感将同一个对象推荐给一般的赞许，使人人或大多数人都赞同关于它的同一个意见或决定。这一概念还蕴涵着某种情感，这种情感是如此普遍如此具有综括力，以至于可以扩展至全人类，使甚至最遥远的人们的行动和举止按照它们是否符合那条既定的正当规则而成为赞美或责难的对象。惟有这两个不可或缺的因素才属于我们这里所坚持的人道的情感。其他激情虽然也在每一个人胸中产生许多强烈的情感，如欲望和反感、好感和憎恨，但是这些情感既不为人人感到如此共通，亦不如此具有综括力，以至于构成关于谴责或赞许的任何一个一般的体系和既定的学说之基础。

当一个人称另一个人为其“敌人”、“竞争者”、“对头”、“对手”时，他被理解为在讲自爱的语言，在表达他自己所特有的、发源于他自己的特定环境和境况的情感。但是当他赋予任何一个人以“邪恶的”或“可恶的”或“堕落的”这些辞藻时，他那时就在讲另外一种语言，在表达他期望所有听众都将由之而与他发生共鸣的情感。因此，他在此必须撇开他私人的特定的境况，选择一个他与他人相共通的观点；他必须打动人类结构中的某种普遍的原则，拨动一根全人类都与之谐和发声的琴弦。因此，如果他意欲表达这个人具有一些趋向于对社会有害的品质，他就已经选择这种共通的观点，已经触动在某种程度上为人人所赞同的人道的原则。当人类的心胸是由目前这样一些要素复合而成时，它决不会完全漠不关心公共的好处，也决不会完全不受性格和作风的趋向的影响。尽管人道这种感情一般地不可以被认为像虚荣心或野心一样强烈，然而它是人人共通的，因而惟有它才能构成道德之基础或关于谴责或称赞的任何一个一般的体系之基础。野心人人各不相同，

同一个事件或对象也不会满足两个人的野心；但人道[①]人人相同，同一个对象触动所有人的这种激情。

但是人道所产生的情感不仅在所有人中都是相同的，都产生同一种赞许或责难，而且它们也都综括所有的人，也没有任何一个人的行为或性格不成为每一个人责难或赞许的对象。反之，另外那些通常被称为自私性的激情，则既使每一单个人按照其特定的境况产生不同的情感，又使他以极端冷漠和超然的态度静观大部分的人类。凡是对我高度尊重和敬重的人都谄媚我的虚荣心，凡是对我轻蔑的人都令我感到屈辱和不快，但由于知我名者不过人类极少一部分，因而很少有人能进入这种激情的范围，或由于这种激情而激起我的好感或厌恶。可是如果你们向我描绘这个世界上任何国家或任何时代的一件暴虐的、侮慢的或野蛮的行为，我就立即将目光投向这样一件行为的有害的趋向，感受到对它的厌恶和不快的情感。没有能够距离我如此遥远，以至于在这方面与我完全漠不相关。凡是对社会或对个人自己有益的东西必定仍然受到优先选择，每一个人类存在物的每一个品质或行动，必定通过这种方式而划归于某个表示着一般的责难或赞许的种类或名称之下。

因此，我们还能求助于其他什么来区别开依赖于人道的情感和与任何其他激情相关联的情感，或来使我们弄清缘何前者是道德的起源而后者则不是呢？凡是通过触动我的人道而博得我的赞许的行为，也都通过打动全人类的这同一条原则[人道]而获得他们的赞扬；但是凡是有助于我的贪婪心或野心的东西都仅仅满足

① 即 humanity，或译作“人性”。——译者注

我的这些激情，而不打动其余的人类的贪婪心或野心。任何一个人的行为，如果它具有一种有益的趋向，就没有一个因素不令我的人道感到愉快，不论这个人是多么遥远；但是任何一个人与我的距离是既不取消也不服务于我的贪婪心和野心，我的贪婪心和野心就将他视作完全漠不相关的。因此，这两类情感之间的区别是如此巨大和明显，语言必定立即以它为模型而铸造出来，必定发明一套独特的术语，以表达那些起源于人道或起源于一般有用性及其反面的观点的普遍的赞许或责难的情感。于是，**德性**和**恶行**就变成已知的；道德就受到承认；关于人类行为举止的一定的一般观念就得到构造；一定的标准就被期望于一定境况下的人；这种行动就被规定为合乎我们的抽象的规则，那种行动就被规定为不合乎我们的抽象的规则。借助于这样的普遍的原则，自爱的特定的情感常常就得到控制和限制[①]。

① 既根据理性也根据经验，看来确定无疑的是，一个粗野的未受教化的野蛮人主要是通过私人的效用和伤害这样一些观念来规范他的爱和恨的，对于一般的行为规则或体系他只有一些微弱的想法。对在战斗中与他对垒的人，他不仅在那几乎不可避免的当下，而且自那以后直至永远都恨彻入骨，不施以最极端的惩罚和报复就决不满足。但是我们这些已经习惯于社会、习惯于更广泛的反思的人却考虑到：这个人是在为他自己的国家和社会效力，任何一个人在同一个境况中也会做出同一个行为，我们自己在类似的场合遵奉类似的指导，总之，人类社会是靠这样的准则来维持的；通过这些假定和观点，我们就在某种程度上矫正我们的较粗野的和较褊狭的激情。尽管我们的友谊和敌意在很大程度上仍是由对利益和损害的私人的考虑所规范的，我们至少这样来对我们所习惯于尊重的一般的规则表示敬意，即，我们通常通过将恶意或不正义归于对手而歪曲他的行为，以发泄那些起源于自爱和私人利益的激情。当一个人内心充满愤怒时，他是决不会缺乏这种口实的，尽管这种口实有时是非常琐屑的，正如贺拉斯差点儿被一棵倒下的树砸着时装腔作势要控告当初栽种这棵树的人犯有谋杀罪的口实一样。

从民众的骚乱、暴动、党派斗争、恐慌以及由大众所共有的所有激情的各种事例中，我们可以懂得社会在激发和维持任何一种情绪方面的影响力，同时我们发现最不可收拾的混乱产生于最轻微和最琐屑的偶然事件。梭伦尽管也许是一位不公正的立法者，惩处过内战中的中立者，却并不是十分残忍的；我相信，这些中立者的感情和言论如果被承认足以赦免他们，他们在那种情形下很少有人会受到惩罚。自私性，而且几乎任何哲学，在那里都没有足够的力量支撑一种完全冷淡和超然的态度，梭伦必定无法始终保持完全不为这种强烈的共同的情绪所感染。于是，道德情感虽然发源于可能乍看稍显微小和嫩弱的原则，却被发现在生活中具有如此强大的影响力，有何奇怪呢？但是我们必须指出，这些原则是社会性的和普遍性的，它们在一定程度上形成人类反对罪恶或混乱这一人类共同的敌人的一个**党派**。由于对他人的仁爱性的关怀或多或少弥散于所有的人，而且在所有的人中都是同一种，因而它就较频繁地出现在言论中，为社交和谈话所珍爱，而它所引起的赞许和谴责就因此而从或许在本性上孤居独处和未受教化的人中被催眠的那种嗜睡里被唤醒过来。其他的激情，尽管它们或许最初更强烈些，却是自私性的和私人性的，因而经常被它的威力所制服，不得不将对我们胸怀的统治权让予那些社会性的和公共性的原则。

我们的为道德情感增添巨大威力的构造的另一个源泉是对名望的热爱；名望以一种如此不受控制的权威统治一切高尚的心灵，往往是这些心灵的一切谋划和事业的宏伟目标。通过热切而不懈地追求世俗的声望、名声、荣誉，我们经常省察我们自己的举止和行为，考虑它们在那些亲近和尊重我们的人们眼中形象怎样。这种仿佛在反省中打量我们自己的恒常习惯，使我们所有关于正当和不正当的情感永葆活力，使本性高贵的人对他们自己和他人产生一定的敬畏，这种敬畏是一切德性的最可靠的卫士。当一切内在的美和道德的美都受到孜孜不倦的追求，和心灵在一切能够美化和装饰一个有理性被造物的完满性方面都达到完成时，各种动物性的便利和快乐就逐渐失去它们的价值。

这就是我们所熟悉的最完满的道德性；这就是许许多多种同情的威力的展现。我们的道德情感本身主要就是这种性质的感受；我们重视在他人那里的声望，看来仅仅出于关心维护在我们自己内心中的声望；为了达到这个目的，我们发现必须将我们动摇不定的判断力维系在人类普遍一致的赞许上。

但是我们可以迁就这些事实，并且如果可能还可以消除一切困难，且让我们承认所有这些推理都是虚妄的。且让我们承认，当我们将效用的观点所产生的快乐分解成人道和同情的情感时我们已经接受一个错误的假设。且让我们承认，无论无生命的对象，有生命的对象，或有理性的对象，如果它们具有促进人类的幸福和利益的趋向，我们都必须对所赋予它们的那种称赞寻求某种别的解释。无论设想一个对象正因为其对于某个与其自身完全漠不相关的目的的趋向而受到称赞是多么困难，且让我们忍受这一谬论，并考虑将会有什么后果。我们前面关于**个人价值**的描绘或界定必定仍然保持其明证性和权威性；人们必定仍然承认，心灵的每一种对**自己**或**他人有用的**或令**自己**或**他人愉快的**品质都传达给旁观者一种快乐，引起他敬重，并被他冠以德性或价值的美名。正义、忠实、正直、诚实、忠诚、贞洁，难道不是仅仅因为它们增进社会利益的趋向而受到敬重吗？难道它们增进社会利益的趋向不是与人道、仁爱、慈悲、慷慨、感激、中庸、温柔、友谊以及一切其他社会性的德性不可分离的吗？难道勤奋、审慎、省俭、保守秘密、有条理、坚毅、深谋远虑、判断力以及众纸难书的整个这类德性和才艺或许可以怀疑吗？我是说，这些品质增进其拥有者的利益和幸福的那种趋向构成其价值的惟一基础，难道是可以怀疑的吗？谁能反驳，一颗保持着永久的安详和欢喜、保持着高贵的尊严和无畏的气概、保持着对周围所有人温柔的感情和善意的心灵，由于它在自身之内有着更多的享受，因而较之于一颗被抑郁所阻滞，被焦虑所折磨，被盛怒所激动，或沉沦于最可耻的卑鄙和堕落中的心灵，就是一个更令人鼓舞和更令人欢欣的场景呢？至于直接**令他人愉快**的品质，它们则自己充分说明自己，一个从未领略诙谐机趣或温情洋溢的魅力、从未领略谈吐和作风高雅庄重或斯文正派的魅力的人，实际上不论就他自己的内在感受或他的外在处境和交际来看都必定是不快的。

我觉得，最非哲学的莫过于对任何问题都采取绝对的或独断的态度；纵然**极端的**怀疑主义能够被坚持，它也不会[比之]对所有正确的推理和合理的探究更具有毁灭性。我深信，哪里人们是最肯定和最傲慢的，哪里人们就通常是最错误的，他们就在那里放任了激情，而没有经过那种适当的慎虑和悬疑，惟独这种适当的慎虑和悬疑才能使他们免于最粗鄙的谬误。但我必须承认，这种列举已经使问题变得如此明朗，以致我**现在**完全像确信我从推理和论证所懂得的任何真理一样，确信个人价值完全在于各种品质对其拥有者个人自己或与他有任何交往的其他人的有用性或愉快性。但是当我反思，尽管地球的体积和形状已经得到测量和描绘，尽管潮汐运动的原因已经得到说明，天体的秩序和组织已经被划属于它们的特有的规律，无限本身已经被还原于计算，人们却还在就他们的道德义务的基础问题争论不休，我是说，当我反思到这一点时，我就重新陷入不自信和怀疑主义，猜疑一个如此明白的假说，倘若真是一个确实可靠的假说，此前早就会被人类通过全体一致的投票和赞成而接受下来。

第　二　节

解释了伴随着价值或德性的道德**赞许**之后，剩下的只是简要考虑我们对之的有关**责任**，探究每一个关心自己幸福和福利的人从对每一项道德义务的践履中到底是否会得到好处了。如果这一点能够根据前述理论明确地得到确断，那么我们就可以自慰，我们提出了一些原则，它们不仅如人们所希望的那样将经受住推理和探究的检验，而且可以有助于人们生活的改进和他们在道德性方面和社会性的德性方面的提高。尽管任何命题在哲学上是否为真（理）决不依赖于其增进社会利益的趋向，然而一个人提出一种不论多么真、却必定导致危险和有害的实践的理论，他将只会不得人心。为什么要翻搜大自然中那些向四周传播污秽的角落？为什么要把瘟疫从其埋葬的深坑里挖掘出来？你们的研究之别出心裁可能受到钦佩，但你们的体系将受到憎恶；而人类如果不能驳倒它们，则将赞同使它们至少永远缄默和被遗忘。那些**有害**于社会的真理，倘若存在任何这样的真理，将屈服于有益的和**有利的**谬误。

但是，难道还有什么哲学真理能够比这里所给出的哲学真理更有利于社会吗？这里所给出的哲学真理展现了德性的全部真正的最诱人的魅力，使我们带着自在、亲切和喜爱的心情贴近她[①]。许多神学家和某些哲学家覆盖在她身上的阴沉的装饰脱落下来，显现出的惟有文雅、人道、慈善、和蔼可亲，不但如此，甚至在适当的间歇还显现出嬉戏、欢乐和兴高采烈。她不谈毫无用处的苦行和艰苦，苦难和自我否定。她宣称她惟一的目的是使她的信徒和整个人类在他们实存的每一瞬间尽可能欢乐和幸福，她也决不愿意放弃任何快乐，除非有望在他们人生的另外某个时期得到足够的补偿。她所要求的惟一辛劳是合理地计算和坚定不移地优先选择最大的幸福。如果某些苦行者妄图接近她，对这些欢乐和快乐之敌，她要么将他们作为伪善者和骗子加以拒绝，要么即使允许他们进入她的行列，也将他们列入最不受偏爱的信徒。

实际上，抛开一切譬喻的说法，怎么可能使人类从事一项我们承认充满苦行和艰苦的实践呢？或者说什么道德理论能够促进任何有用的目的，倘若它不能通过一个特定的细节表明它所推荐的所有义务也就是每个人的真正的利益？前述体系的独特长处似乎就是它为那个目的提供了适当的手段或途径。

那些对它们的拥有者直接**有用的**或令它们的拥有者直接**愉快的**德性从自我利益的观点看是令人欲求的，这谅必无需证明。实际上，道德家们大可免除他们在推荐这些义务时常常忍受的所有

① 指德性。——译者注

痛苦。当看来快乐的过度之所谓过度仅仅因为它们是有害的，而如果对例如烈酒的无限制的使用并不比对空气和水的无限制的使用更有害于健康或身心官能的话，它就丝毫也不会是更邪恶和更可谴责的时，缘何收集证据去表明节制是有益的、快乐的过度是有害的呢？

看来同样也无需证明，良好作风和机趣、正派和斯文这些**有利于交际的**德性是比相反的品质更令人欲求的。毋需任何其他考虑，仅仅虚荣心就是一种驱使我们希望拥有这些才艺的充分动机。从没有人愿意在这方面有所欠缺。我们在这方面的失败全都发源于不良的教育，空疏的才能，或反常的和顽冥不化的气质。你们想使自己的交际圈受到渴望、钦敬、追随，而非受到憎恶、鄙视、逃避吗？有谁能在这种情况下进行认真仔细的思考呢？由于任何享受不与交际圈和社交活动发生某种关联就不是真正的享受，因此当一个人感到他的在场不受欢迎、发现他周围全是厌恶和反感的征象时，就没有任何社交活动能是令人愉快的，甚或可以忍受的。

但是为什么人类更大的社会或联盟的情形就不应当与特定的俱乐部和交际圈的情形相同呢？为什么从幸福和自我利益的观点看，人道、慷慨、慈善这些得到扩展的德性是令人欲求的比机灵和礼貌这些受到限制的才能是令人欲求的更值得怀疑呢？难道我们担心这些社会性的感情会比任何其他追求在更大更直接的程度上妨碍私人的效用，不在荣誉和利益两方面作出某种重大牺牲就不能得到满足吗？倘若如此，我们就不外是在关于人类激情的本性方面受到不良的教诲，更多地受一些字眼的区别、而非一些实在的差异所影响。

在**自私性的**和**社会性的**情感或气质之间无论通常可以假定出何种矛盾，它们之间的对立其实并不比自私性的和野心的、自私性的和报复性的、自私性的和虚荣的情感或气质之间的对立更甚。有某种原始的嗜好是必不可少的，以便通过给予自爱追求的对象以一种喜好而成为自爱的基础；而最适合于这个目的的莫过于仁爱或人道。财富是花费于这样或那样的满足的；积累岁入而放贷的守财奴其实是以此满足他的贪婪心。既然一个人通过苦心孤诣的自私性所能达到的极顶是某种感情的放纵，因此要表明为什么这个人通过一个慷慨的行动比通过任何其他方式开销会损失更多就将是困难的。

现在如果没有激情的生活必定是枯燥的和令人厌倦的，且让一个人假定他有充分的力量塑造他自己的气质，且让他考虑他愿意选择何种嗜好或欲望作为他的幸福和享受的基础。那么他将观察到，每一种感情，当为成功所满足时，就产生一种与其力度和强度相应的心满意足；而仁爱和友谊、人道和仁慈，除了这种为一切感情所共通的好处，还不依赖于整个命运和偶因而直接给予人甜蜜、平静、温柔和愉快的感受。不但如此，这些德性还伴有一种令人快乐的意识或回忆，并使我们以愉悦的心情对待自己和他人，当我们保留我们对人类和社会尽了我们自己应尽的一份职责这种令人愉快的反思之时。尽管所有人都对我们在贪婪心和野心的追求上的成功表示忌妒，然而只要我们坚持走德性之路，投身于实现慷慨的计划和目标，我们几乎一定博得他们的善意，获得他们的祝福。还有什么其他激情是我们从中将发现令人愉快的情感、令人快乐的意识、令人口碑的名声等如此众多的好处都统一起来的呢？

但是对于这些真理，我们可以观察到，人们自行地是相当信服的，他们之所以在他们对社会的义务方面有所欠缺，也不是因为他们不愿成为慷慨的、友爱的和人道的，而是因为他们自身没有感受到这样的东西。

如果最坦率地对待恶行，并为它作出一切可能的让步，则我们必定承认，在任何事例中都不存在最微小的借口来根据自我利益的观点给予恶行而不给予德性以优先选择；或许正义是除外，就正义而言，一个实事求是的人看来可能经常由于自己的正直而遭受损失。尽管人们承认，不尊重所有权，社会就不能存续，然而在特定的事情中，一个狡猾的恶棍可能根据人类事务的处理方式的不完善性而想到，一个不公道或不忠实的行为将给他增添一份相当大的财富，而不给社会联合体或联盟造成任何大的破坏。**诚实为上**[①]可能是一条良好的一般规则，但容易有许多例外；人们或许可能认为，一个既遵奉一般规则又从其所有例外中获取好处的人是在以极高明的智慧行事。

我必须承认，如果有人认为这个推理必须要求一个答案，那么要找到看来令他满意和信服的任何答案都将是相当困难的。如果他的心并不反抗这样的有害的准则，如果他并不反感这些邪恶的或卑鄙的想法，他其实就已经丧失一个相当重要的德性动机；而我们可以预料这种实践将是对于他的这种思辨的答案。但是一切本性淳朴的人们对背信弃义和奸狡欺诈的反感却是那样强烈，以至于任何利益或金钱上的好处的观点都不能与之相抗衡。心灵的内

① 或译作“诚实是最佳的策略”。——译者注

在的安宁、对正直的意识、对我们自己行为的心满意足的省察,这些是幸福所不可或缺的因素,将被每一个感觉到它们重要性的诚实的人所珍爱和所培育。

此外,这样一个诚实的人还将经常获得这样一种满足,即,看到恶棍们尽管将他们的狡诈和伎俩全部伪装起来,然而他们自己的准则却又将它们暴露无遗;当他们企图有节制地和隐秘地行骗时,诱人的事情的出现、本性的脆弱就使他们坠入陷阱中,他们不彻底地名誉扫地、不丧失人类将来对他们的信任和信赖,就决不能由之而脱身。

但假使他们总是伪装得相当隐秘而成功,这个诚实的人,只要他具有任何哲学的气质甚或日常观察和反思的气质,就将发现他们自己最终都是最大的受愚弄者,为了获得那些毫无意义的小玩意儿而牺牲了性格(至少内在性格)方面不可估量的享受。满足自然的**必需**只需要极少的东西。从**快乐**的观点看,谈话、社交、学习、甚至健康方面并非买来的满足以及日常的自然美,而尤其是对自己行为的一切平静的反思,我是说,在这些自然的乐趣与那些奢侈昂贵而狂热空虚的乐趣之间能有什么可比较的吗?实际上,这些自然的快乐才是真正无价的,既因为它们在获得上低于一切价格,也因为它们在享受上高于一切价格。

附录一　关于道德情感

如果接受前述假设，那么现在就很容易弄清本书一开始[1]所提出的关于道德的一般原则的问题；尽管我们推迟了对这个问题的解决，以免它使我们陷入与道德讨论不相适宜的复杂思辨中，目前我们却可以重新拾起这个问题，考察**理性**和**情感**各自在关于称赞或责难的一切决定中到底起着多大的作用。

道德的称赞的一个首要基础既然被假定在于任何品质或行动的有用性中，那么显然，在所有这类决定中，**理性**必定起着相当大的作用；因为除了这种能力，再没有任何别的东西可以给我们指示品质和行动的趋向，给我们指明它们对社会以及对它们的拥有者的有益后果。在许多情况下，这都是一件容易引起重大争论的事情；可能产生各种怀疑，可能出现各种对立的利益，优先选择必定根据十分微妙的观点并略偏重于效用而给予某一边。这在关于正义的问题上尤为明显；实际上，这正是依据正义这一德性所带来的那类效用而自然作出的一种假定[2]。如果正义的每一单个的事例都像仁爱的每一单个的事例那样是对社会有用的，这就会是一个比较简单的

① 第一章。

② 见附录三。

事情状态，也难以引起重大的争论。但是由于正义的单个的事例在其最初的直接的趋向上往往是有害的，由于它们对社会的好处仅仅产生于对一般规则的遵奉，产生于一些行动同样公正的个人的协力和联合，因而事情在此就变得比较复杂和繁难。社会的各种不同的条件，任何实践的各种不同的后果，人们可能提出的各种不同的利益，这些在许多场合下都是可怀疑的，需待认真探讨和研究。国内法的目标是规定一切关于正义的问题，法学家们的辩论、政治家们的反思、历史和档案记载中的先例全都指向这同一个目的。为了在各种模糊的甚或对立的效用所引起的如此复杂的种种怀疑中给出真正的规定，一种非常精确的**理性**或**判断力**常常是必不可少的。

但是尽管理性在得到充分的帮助和改进时足以给我们指明品质和行动的有害的或有用的趋向，然而它单独却不足以产生任何道德的谴责或赞许。效用只是一种对于某个一定目的的趋向，如果这个目的是与我们完全漠不相关的，我们就会对实现这个目的的手段感到同样漠然。为了给予有用的而非有害的趋向以一种优先选择，在此就必须展现出一种**情感**。这种情感不可能是别的，只能是一种对人类的幸福的同情和对人类的苦难的愤恨，因为这些正是德性和恶行各自趋向于促进的不同的目的。因此，在这里，**理性**给我们指示行动的诸种趋向，**人道**则为了有利于那些有用的和有益的趋向而作出一种区别。

在所有道德决定中知性能力和情感能力之间的这种划分，根据前述假设似乎是清楚的。但是我将假定这个假设是虚妄的，那么寻求某种别的令人满意的理论就将是必不可少的；而我敢大胆地断言，只要我们把理性假定为道德的独一无二的源泉，这样的理论就决不会找到。为了证明这一点，权衡以下五种考虑将是合适的。

I. 对于一个虚妄的假设来说，当它完全着眼于一般，利用未经界定的术语，以比较代替例证时，要保持某种真理的外观是很容易的。这在那种把所有道德区别的辨识单单归于理性、而排除情感的协力的哲学中尤为明显。这个假设，不论在一般的演说和言论中可能给人以多么貌似有理的形象，在任何特定的事例中哪怕要让人能得以理解都是不可能的。考察一下例如**忘恩负义**这种罪恶：不论哪里我们观察到一方表现出明显的善意并施以善举，另一方却回以恶意或漠然并报以恶举或置之不理，忘恩负义这种罪恶便出现了；剖析所有这些因素，单纯用你们的理性考察这种罪恶或谴责在于什么，你们决不会得到任何结果或结论。

理性要么判断**事实**，要么判断**关系**。那么让我们首先探究我们这里称为**罪恶**的那个**事实**存在于何处，指出它来，规定它实存的时间，描述它的本质或本性，说明发现它的那种感官或能力。这个事实寓存于那个忘恩负义的人的心灵里。因此他必定感受到它，意识到它。但是在他的心灵里除了恶意或绝对漠然这种激情之外一无所有。你们不能说，这些东西自身永远而且在一切条件下都是罪恶。不，惟有当它们指向先前对我们表达和显示出善意的人时才是罪恶。因此我们可以推断，忘恩负义的罪恶不是任何特定的单个的**事实**，而是起源于一些复杂的因素，当这些因素被呈现于旁观者时，由于旁观者的心灵的特定的结构和组织，才激起谴责的**情感**。

你们说，这种描绘是虚妄的。其实，罪恶并不在于一个我们凭理性而确信其实在性的特定的事实，而在于我们用理性像发现几何学或代数学的真理那样发现的一定的**道德关系**。但是我问，你们这里所谈到的关系是什么？在上述情况中，我见到的先是一个人的善意和善举，后是另一个人的恶意和恶举。这两者之间存在一种**对立**的关系。难道罪恶就在于这种对立的关系吗？但是假定一个人对我怀有恶意或对我施以恶举，而我反过来对他淡漠处之，甚或对他施以善举。这里存在同一种对立的关系，然而我的行为通常是受高度颂扬的。你们尽可以随心所欲地变换这个问题，你们绝不能由此而将道德性建立在关系的基础上，而必须诉诸情感的决定。

当你们断言二加三等于十的一半时，这个等式关系我完全理解。我设想，如果把十分成单位相等的两部分，如果把其中任何一部分与二加三相比较，则它将包含与那个和数相等的数量单位。但是，当你们由此而引出一种与道德关系的比较时，我承认我完全无法理解你们。一个道德的行动，一个例如忘恩负义的罪恶，乃是一个复杂的对象。难道道德性在于其各部分相互之间的关系吗？怎样在于？依照什么方式？详细考察这种关系，使你们的命题更加精细和明确，你们将很容易看出它们的虚妄。

你们说，不，道德性在于行动对正当规则的关系，行动按照其同正当规则的一致与否而被称为善的或恶的。那么这条正当规则是什么？它在于什么？它是如何规定的？你们说，是由考察行动的道德关系的理性所规定的。因此道德关系是由对行动和某条规则的比较所规定的。而这条规则又是由对对象的道德关系的考虑所规定的。这不是精致的推理吗？

这全都是形而上学,你们叫喊道。那就够了,再没有任何必要给出一个更有说服力的虚妄的假定。是的,我回答,这些确实是形而上学,不过它们全都在支持你们,你们在推进一个绝不可能让人理解、也绝不可能适合于任何特定的事例或例证的玄奥假设。而我们所持的假设却是浅显明白的。它坚持道德性是由情感所规定的。它将德性界定为**凡是给予旁观者以快乐的赞许情感的心理活动或品质**,而恶行则相反。我们接下来着手考察一个浅显明白的事实,即什么行动具有这种影响力。我们考虑这些行动所一致具有的所有因素,由此努力引出关于这些情感的某些一般的见解。倘若你们将这称为形而上学,并于此发现任何玄奥的东西,那么你们只好断定你们的心性不适合于精神科学。

II. 无论何时当一个人慎重考虑自己的行为(例如在一个特定的紧要关头他最好是帮助兄弟还是帮助恩人)时,为了确定优先的义务和责任,他都必须依照这些人所处于其中的环境和境况而考虑这些不同的关系;而为了确定任何一个三角形的诸边的比例,则都必须考察这个图形的性质以及诸部分相互之间的关系。这两种情况尽管看起来相似,其实却存在极大的差异。对于三角形或圆,一个思辨的推理者考虑的是这些图形诸部分的一些已知的和给定的关系,并依赖于这些关系而推论某种未知的关系。但是在道德思考中,我们必须预先熟悉所有对象以及这些对象相互之间的所有关系,通过整体的比较,我们才确定我们的选择和赞许。没有新的事实要去查明,也没有新的关系要去发现。在我们能够作出任何遣责或赞许的判决之前,情况的一切因素都被假定摆在了我们面前。如有任何一个实质性的因素仍是未知的或可疑的,我们就必须首先运用我们的探究或智性能力来使我们弄清它,必须暂时悬置一切道德的决定或情感。当我们不清楚一个人是否是侵犯者时,我们如何能确定那个杀死他的人是有罪还是无罪呢?但是当每一个因素、每一种关系都知晓之后,知性则又没有了进一步发挥作用的余地,也没有了它自己能够发挥作用的对象。于是那种随即发生的赞许或谴责就不可能是判断力的作品,而只能是心(heart)的作品,就不是一个思辨性的命题或断言,而是一种生动活泼的感受或情感。在知性的研究中,我们从已知的因素和关系推断某种新的未知的因素和关系。在道德决定中,所有因素和关系都必须预先知晓,心灵则从对整体的静观中感受某种好感或厌恶、敬重或轻蔑、赞许或谴责的新印象。

因而在对**事实**的误解和对**正当**的误解之间就存在重大差异,因而这就是为什么相同一件事通常一个人有罪而另一个人无罪的道理。当俄狄浦斯杀死拉伊俄斯[①]时,他并不知道他们之间的关系,根据无害的和非自愿的因素,他对他所要采取的行动形成了错误的意见。但是当尼禄杀死阿格里披娜[②]时,他自己和她之间的一切关系,这个事实的一切因素,他都是事先已知的,然而在他残

① 拉伊俄斯,Laius,古希腊神话中的底比斯国王,俄狄浦斯(Oedipus)的生父。俄狄浦斯出生不久便被其所遗弃,在别人的抚养下长大。后来俄狄浦斯在流浪中与他相遇,两人因让道的事发生争执,结果他被俄狄浦斯所杀,从而酿成了俄狄浦斯在不知情状态下的弑父之罪。——译者注

② 阿格里披娜,Agrippira,16~59年,尼禄之母。她帮助尼禄取得了皇位,但总喜爱干预政治,干涉和控制尼禄的私生活。尼禄为了摆脱她而将她谋杀:先是将她诱骗到海上装进机关沉入海底未果,后干脆直接在她的乡间别墅里将她刺死。——译者注

酷的内心中复仇或恐惧或利益的动机压倒了义务和人道的情感。当我们对他表示那种他自身早已麻木不仁的憎恶时，不是我们看出一些他所不知的关系，而是我们由于性情正直而对这件事情感到反感，而他则因受人谄媚和一贯作恶多端而不为之所动。因此，一切道德规定都正在于这些情感，而不在于任何关系的发现。在我们可以宣称形成任何道德决定之前，对象和行动方面的一切事情都必须得到认识和查明。而我们自己方面留待要做的，仅仅是感受某种我们据以宣布那个行动为罪恶抑或德性的谴责抑或赞许的情感。

III. 如果我们将道德的美和在许多方面与之有类似之处的自然的美作一番比较，这一学说将变得更加明白。一切自然的美都依赖于各部分的比例、关系和位置；但是倘若由此而推断，对美的知觉就像对几何学问题中的真理的知觉一样完全在于对关系的知觉，完全是由知性或智性能力所作出的，那将是荒谬的。在一切科学中，我们的心灵都是根据已知的关系探求未知的关系；但是在关于趣味或外在美的一切决定中，所有关系都预先清楚明白地摆在我们眼前，我们由此出发根据对象的性质和我们器官的气质而感受一种满足或厌恶的情感。

欧几里德充分解释了圆的所有性质，但是对于圆的美在任何命题中都未置一词。理由是不言而喻的。美不是圆的性质。美不在于圆的线条的任何一个部分，圆周各部分到圆心的距离是相等的。美仅仅是这个图形在那个因具备特有组织或结构而容易感受这样一些情感的心灵上所产生的一种效果。你们到圆中去寻找美，或者不是通过感官就是通过数学推理而到这个图形的一切属性中去寻求美，都将是白费心思。

看一看帕拉第奥[1]和佩罗[2]在解释圆柱的所有部分和比例时的情形。他们谈到了上楣、中楣、底、顶、柱身和下楣，对这些部位中的每一个都给予了描述和说明。但是倘若你们想要追问他们对于圆柱的美的描述和说明，他们就会干脆地回答，美不在于圆柱的任何一个部分或部位，而是当这个复杂的图形呈现于一个对那些精致感觉比较敏感的理智心灵时从整体中产生的。直到这样一个观察者出现之前，存在的都不外是一个具有那样一些特定尺寸和比例的图形而已；只是从观察者的情感中，它的雅致和美才产生出来。

再看一看西塞罗描绘弗列斯[3]和喀提林纳[4]之流的罪恶时的情形。你们必定承认，道德的丑同样产生于它被呈现于一个其器官具有这样一种特定结构和构造的存在物时他对整体的凝神静观。这位演说家可以将一方描绘为狂暴、侮慢、野蛮成性，而将另一方描绘为温顺、苦楚、悲伤、无辜。但是倘若你们感到这些复杂的因素并不激起你们的义愤或怜悯，那么你们问他，他如此强烈地控诉的罪恶或邪恶在于什么？它刚开始实存于什么时间或什么主体？当所有行为者的各种气质和思想都彻底改变或湮灭时，它在

① 帕拉第奥，Palladio，1518～1580年，意大利文艺复兴后期建筑师，曾测绘和研究古罗马建筑遗址，并著有《古建筑测绘图集》，对十八世纪古典主义建筑形式产生过深刻的影响。——译者注

② 佩罗，Perrault，1631～1688年，法国医生兼建筑师。——译者注

③ 弗列斯，Gaius Verres，约公元前120～前43年，古罗马执政官。——译者注

④ 喀提林纳，Cartilina，公元前108～前62年，古罗马大法官，非洲行省总督。公元前63年，他结党营私企图夺取政权，西塞罗作为执政官发表“反喀提林纳演说”并施以武力镇压，次年，战败被杀。——译者注

其后的岁月又将变成什么？不过是徒劳而已。对于任何一个这些问题，基于那个抽象的道德假设，绝不可能给出任何令人满意的答案；我们最终必须承认，罪恶或不道德不是任何一个可成为知性的对象的特定的事实或关系，而是完全起源于一种不满的情感，这种不满的情感是我们在领受野蛮和背信弃义时经由人类本性的结构而必然感受的。

IV. 无生命的对象相互之间可以保持我们在道德行为者中间所观察到的所有同样那些关系，尽管前者决不能成为爱或恨的对象，因而也决不能被认为具有价值或罪恶。一棵超拔于并毁灭了其亲本的子树，处在与尼禄谋杀阿格里披娜完全相同的关系中，如果道德性单纯在于关系的话，它也将毫无疑问地是同样有罪的。

V. 看来很显然，在任何情况下，人类行动的最终目的都决不能通过**理性**来说明，而完全诉诸人类的情感和感情，毫不依赖于智性能力。问一个人“他为什么锻炼”，他将回答“因为他希望保持健康”。如果你们接着探究“他为什么希望健康”，他将乐于回答“因为疾病使人痛苦”。如果你们把探究更推进一步，想得到“他为什么憎恶痛苦”的理由，他则不可能给出任何一个理由。这是一个最终目的，决不关联于任何其他的对象。

或许对于你们的第二个问题“他为什么希望健康”，他也可能回答“那是他热情工作所必需的”。如果你们问“他为什么那样在乎那份工作”，他将回答“因为他希望挣到钱”。如果你们还要求问个“为什么？”他就说“金钱是快乐的工具”。在此之外再去寻求一个理由就是一件荒唐的事。不可能有一个**无限的**过程，也不可能一事物总能成为另一事物为什么被欲求的理由。某个事物之所以令人欲求,必定是因为它自身之故,因为它直接符合或一致于人类的情感和感情。

现在由于德性就是一个目的,而且因为它自身之故,毋需任何报酬和奖赏,单纯因为它所传达的直接满足就令人欲求,因此必不可少的是,应当存在某种它所触动的情感,某种内在的趣味或感受,或者不论你们乐意于怎样称呼的东西,这种东西区别开道德的善和恶,接受前者而摒弃后者。

这样,理性和趣味的范围和职责就容易确断分明了。前者传达关于真理和谬误的知识;后者产生关于美和丑、德性和恶行的情感。前者按照对象在自然界中的实在情形揭示它们,不增也不减;后者具有一种创造性的能力,当它用借自内在情感的色彩装点或涂抹一切自然对象时,在某种意义上就产生一种新的创造物。理性,由于是冷漠而又超然的,因而不是行动的动机,仅仅通过给我们指明达到幸福或避免苦难的手段而引导我们出自欲望或爱好的冲动;趣味,由于它产生快乐或痛苦并由此构成幸福或苦难之本质,因而就变成行动的动机,是欲望和意欲的第一源泉和动力。前者根据已知的或假定的因素和关系,引导我们发现隐藏的和未知的因素和关系;后者在一切因素和关系摆在我们面前之后,使我们从整体感受一种新的关于谴责或赞许的情感。前者的标准基于万物的本性之上,是永恒不变的,即使最高存在物的意志也不能改变;后者的标准来自动物的永久的构架和组织,并最终派生于那个最高存在物的意志——这个意志赋予了每一个存在物以其特有的本性,并给整个实存安排了诸种等级和秩序。

附录二　论自爱[①]

有一条原则被假定在众多的原则中处于支配的地位，它是与一切德性或道德情感完全不相容的；由于它除了出自最堕落的气质不可能出自任何别的东西，因而它就随之趋向于更进一步助长那种堕落。这条原则就是，整个**仁爱**是纯粹的伪善，友谊是一种欺骗，公共精神是一种滑稽，忠实是一种获取信任和信赖的圈套；当我们全都心底里只追求我们自己的私人利益时，我们就披上这些漂亮的伪装，以解除他人的防备，使他人更暴露于我们的诡计和阴谋面前。当一个人拥有这样的原则、感到没有什么内在的情感是同如此有害的理论不相一致时，他必有一颗什么样的心，是很容易想象的；而对一个他以如此丑陋的色彩加以描绘、并设想其不可能有感激或任何感情回报的物种，他能怀有何种程度的感情和仁爱，也是很容易想象的。或者如果我们不应当把这些原则完全归于一颗腐败的心，我们就必须至少通过最粗疏和最仓促的考察来说明它们。的确，肤浅的推理者，当他们看到人类中存在许多欺诈，或许也感到他们自己气质中没有任何很有力的约束时，可能引出一个一般而又草率的结论，即，一切人都是同等地腐败的，人类尽管

① 《休谟哲学著作集》注：本篇论文在第三版之前的版本中作为"论仁爱"的导论而出现。

与一切其他动物，实际上与一切其他种类的存在物都不同，但他们之间没有任何好或坏的程度的差别，在任何情况下都不过是披着不同伪装和外衣的相同被造物。

另有一条原则多少与前面那条原则有些相似，它一直为哲学家们所牢固地坚持着，一直是许多体系的基础。这条原则就是，不论一个人可能感受到或者想象自己同情到什么感情，没有一种激情是或能够是无私的；最慷慨的友谊，不论多么真诚，都是自爱的一种变体；甚至我们自己也不知道，当我们看来全心全意从事为人类谋划自由和幸福时，我们只是在寻求我们自己的满足。通过想像力的倾向，通过反思的提炼，通过激情的热忱，我们似乎加入了他人的利益、并想象我们自己排除了一切自私的考虑；但实际上，最慷慨的爱国者和最悭吝的守财奴，最勇敢的英雄和最怯弱的懦夫，在每一个行动中都是同等地关注他自己的幸福和福利。

无论谁根据这种观点的表面趋向而推断，那些声言信奉它的人绝不可能感受真正的仁爱的情感，或绝不可能对真正的德性有任何尊重，他将经常发现自己其实是完全错误的。笃实和正直对伊壁鸠鲁及其学派并不陌生。阿提库斯[①]和贺拉斯似乎从自然中求得乐趣，通过反思增进教养，气质如同那些严肃学派的门徒一样慷慨而友善。在现代人中，霍布斯和洛克坚持自私论的道德体系，然而过着无可挑剔的生活，尽管霍布斯不受宗教——它或许可以弥补他的哲学之不足——的任何约束。

① 阿提库斯，Atticus，公元前109～前32年，古罗马骑士，伊壁鸠鲁主义者，以同西塞罗关系亲密而著名。他一生不依附于任何团体，过着恬静而淡泊的生活。——译者注

一个伊壁鸠鲁主义者或一个霍布斯派的人很容易承认，世界上存在诸如友谊之类没有伪善或伪装的事物；尽管他可能试图通过一种哲学化学将这种激情的元素分解——如果我可以这么说的话——成另一种激情的元素，并将每一种感情都解释成自爱，解释成自爱被特定的想像力倾向所变形和铸造成的不同现象。但是由于同一种想像力倾向并不对每一个人起支配作用，也不给予这种原始的激情以同一种指导，因此即使按照自私论的道德体系，这也足以在人类性格中造成极大差异，并将一个人称为有德性的和人道的，而将另一个人称为邪恶的和卑鄙自私的。我敬重一个这样的人，他的自爱无论通过什么方式都这样被指导，以至于使得他对他人怀有关怀之心，对社会能有所助益；正如我憎恶或轻蔑一个这样的人，他毫不关注超出他自己满足和享受之外的任何事物。如果你们建议，这两种性格虽然表面是对立的，其实是同一种，一种完全微不足道的思想倾向形成它们之间的整个差异，那将是徒劳的。在我看来，每一种性格，尽管存在这些微不足道的差异，其实都是相当持久的和不易改变的。我发现，在这个主题上正如在其他主题上一样，事物的一般现象所引起的自然情感很容易被关于这些现象的微小根源的精巧反思所毁灭。即使我从哲学懂得，人的面容的全部差异起源于面部皮肤各个最小部分的最小厚薄的差异，通过这些差异，面部表面才能反射某种光原色和吸收其他光原色，难道一个人生动、欢喜的面部颜色就不激起我满足和快乐吗？

但是尽管关于人的自私性是普遍性的还是部分性的这个问题，也许并不像通常所想象的对道德和实践那么重要，然而它在关

于人类本性的思辨科学中确定无疑地有着重要的意义，是一个令人好奇和值得探究的适当对象。因此，在这个地方对它稍作反思可能不是不合适的。[①]

对自私论假设的最明显的异议是，由于它是与通常的感受和我们最无成见的思想相反的，因此要确立一个如此反常的不通之论就需要哲学作出最大伸展。甚至在最粗心的观察者看来，也存在诸如仁爱和慷慨这类气质，诸如爱情、友谊、同情、感激这类感情。这些情感有着其各自的原因、结果、对象和作用，它们被日常语言和观察标示出来，明显地区别于自私性的激情的原因、结果、对象和作用。由于这是事物的显而易见的现象，因而它必须受到承认，直到发现某种假设，这种假设通过更深入洞察人类本性而可以证明这些仁爱性的感情不过是自私性的感情的变体而已。然而所有这类尝试迄今证明都是毫无成果的，都似乎完全发端于那种是极端虚妄的哲学推理之源的对**简单性**的热爱。我在此并不想就当前这个主题作任何细节性的讨论。许多卓有才能的哲学家已经指明这些体系之不足。我将认作理所当然的，是我相信最少的反思就使之对每个公正的探究者都变得明证的东西。

但是这个主题的性质却提供了一个最强有力的假设，即，将来

---

① 仁爱自然地分成两种：**一般的**仁爱和**特定的**仁爱。前者是我们在对一个人完全没有友谊或亲情或敬重时对他单纯感受的一种一般的同情，亦即对他的痛苦的怜悯和对他的快乐的祝贺。后一种仁爱则基于一种关于德性的观点，基于所施予我们的帮助，或基于某种特定的亲情。这两种情感必须承认都是实存于人类本性之中的；但是它们能否分解成对自爱的一些微妙考虑却是一个令人好奇的而非重要的问题。前一种情感，亦即一般的仁爱或人道或同情的情感，我们在本探究过程中将经常有机会论及；根据一般的经验，无需任何其他证据，我将它假定为实在的。

也不可能发明任何更好的体系，以便说明仁爱性的感情起源于自私性的感情，和将人类心灵的各种情绪全都还原为一种完美的简单性。在这类哲学中与在物理学中情形并不相同。[在物理学中，]许多与自然的最初现象相反的假设，通过更精确的考察，发现是可靠的和令人满意的。这类事例屡见不鲜，以致一位卓有见识和机趣的哲学家①大胆断言，如果任何现象可以有一种以上的产生方式，那么一个一般的假设就是，它产生于最不明显和最不熟悉的原因。但是在关于我们激情的起源和人类心灵内在活动的起源的一切探究中，假设却总是决定于相反的方面。在这些探究中所能归于任何现象的最简单和最明显的原因，或许就是其真正的原因。当一个哲学家为了阐明自己的体系而不得不诉诸一些相当复杂和精致的反思，并将这些反思设想为任何激情或情绪的产生不可或缺的时候，我们有理由全神戒备、警惕如此谬误的一个假设。感情是不容易受理性或想像力的提炼所产生的任何印象影响的；我们总是发现，理性和想像力的生气蓬勃的发挥必然由于人类心灵的狭小容量而摧毁感情的全部活力。诚然，我们的起支配作用的动机或意图，当它与我们心灵出于虚荣和自负而希望假定其更具优势的其他动机相混淆时，经常是对我们隐藏起来的；然而没有任何一个事例表明这种性质的隐藏是由于这个动机本身的玄奥和复杂。一个失去了朋友和恩人的人可能自以为他的全部悲伤都发自高尚的情感，丝毫没有夹杂狭隘或偏私的考虑；但是一个为某个

①　Mon. Fontenelle.[丰德耐尔先生(1657～1757年，法国科学家、文学家和哲学家；伏尔泰称他为“路易十四时代所产生的最广博的心灵”。——译者注)。]

曾经需要他帮助和保护的珍贵朋友而悲伤的人，我们怎能假定，他的深情的哀伤发自对某种自身毫无基础或实在性的自我利益的某些形而上的关注呢？我们可以像想象微小的齿轮和链条，正如手表中的那些，驱动着载重的大马车一样，而根据如此玄奥的反思来说明激情的起源。

我们发现动物不但对它们自己同类、而且对我们人类都有友好对待的倾向，这种情况不存在丝毫伪装或诡计的嫌疑。难道我们也应当根据自我利益的精致推论来说明**它们的**所有情感吗？或者如果我们承认这些低等物种具有无私的仁爱，那么通过什么类比规则，我们才能否认我们这个高等物种具有无私的仁爱呢？

两性之间的爱产生一种与嗜欲的满足截然不同的满意和善意。在所有感性存在物中，对其幼嗣的温情通常单独就能抗衡最强烈的自爱动机，而且这种温情毫不依赖于自爱这种感情。一位慈爱的母亲，殷勤照料自己体弱多病的孩子而失去健康，当孩子夭折而她得免照料之苦时，又因悲痛而憔悴以致死亡，她能指望获得什么利益呢？

难道感激不是人类胸怀的感情，或者难道它只是一个没有任何意义或实在性的语词吗？难道我们不更乐意于与一个人而不是另一个人交往，不希望我们的朋友财运亨通，即使不在场或死亡将使我们无法分享它？或者即使当我们活着和在场时，难道我们从它分享的除了我们对他的好感和尊重之外通常还有什么别的吗？

这些以及成千上万的其他事例都是人类本性中的一般的仁爱的标志，其中并没有任何**实在的**利益将我们束缚于对象之上。因而一种已知并确认为**想象的**利益如何能是任何激情或情绪的起源就似乎难以得到解释。这类假设令人满意的迄今为止一个也没有发现，也不存在最微小的可能将来人类的勤奋将带来更可喜的成功。

但是更进一步，如果我们正当地考虑这个问题，我们将发现，一个主张与自爱截然不同的无私的仁爱的假设，较之于一个妄图把友谊和人道全都分解成自爱的假设，其实包含更大的**简单性**，也更合乎自然的类比。有一些为人人所承认的身体需要或嗜欲，它们必然先行于一切官能享受，驱使我们直接寻求对对象的占有。因而，饥和渴以吃和喝为目的，这些第一性的嗜欲的满足产生一种快乐，这种快乐可以变成另一类第二性的和相关联的欲望或爱好的对象。同样，有一些心理激情，它们迫使我们直接寻求诸如名望，权力，或与利益毫不相干的复仇之类的特定对象；这些对象一旦获得，随即就将出现一种使人快乐的享受，作为我们放纵感情的后果。在我们可能因获得名望而得到快乐，或出于自爱动机和幸福欲望而追求名望之前，大自然必定已经通过我们心灵的内在结构和组织而赋予我们以对于名望的原始倾向。如果我没有虚荣心，我就不会对称赞感到高兴；如果我没有野心，权力就不会给我以享受；如果我没有愤怒，对对手的惩罚就会与我漠不相关。在所有这些情形中都存在着一种激情，它直接指向对象，并将对象规定为我们的利益和幸福，正如一旦我们的原始感情将这种激情规定为我们的幸福，就有另一些第二性的激情随即产生出来，并将前一种激情作为我们幸福的一部分加以追求一样。如果不存在任何先行于自爱的嗜欲，大自然所赋予的那种原始倾向就几乎不可能发挥出来；因为在那种情形下，我们所感受的痛苦或快乐就将数量极

微、程度极弱，而我们所规避或追求的苦难或幸福就将极少。

现在，如果设想仁爱和友谊也可以是这同一种情形，设想根据我们性情的原始结构，我们可以感受我们自己内心对他人的幸福或利益的欲望，他人的幸福或利益通过这种感情而变成我们自己的利益，而后我们出于仁爱和自我享受的双重动机而加以追求，有何困难呢？谁不见那种单纯出于激情威力的复仇可以受到如此狂热的追求，以至于导致我们有意抛开一切舒适，利益，或安全的考虑，而像某些报复性的动物那样全神贯注于给敌人造成伤害①；一种哲学如果不允许人道和友谊获得敌意和怨恨这些阴暗的激情所不争地享有的那同一些特权，必定是多么恶毒的一种哲学；这样一种哲学与其说是对人类本性的一种真正描绘或描述，毋宁说更像一个泄欲狂；它可以构成自相矛盾式的机趣和嘲弄的一个良好基础，然而却是任何严肃的论证或推理的一个很坏的基础。

① Animasque in vulnere ponunt. VIRG. Dum alteri noceat, sui negligens, says Seneca of Anger. De Ira, I. i.[他们全神贯注于伤害。维吉尔:《农事诗》,卷IV。安格尔的塞涅卡说,当他们伤害别人时,毫不顾惜自己。《论愤怒》,I,i。]

附录三　对正义的进一步思考

本附录的旨趣在于更具体地阐释正义的起源和本性，标明它与其他德性之间的某些差异。

人道和仁爱这两种社会性的德性发挥其作用是直截通过一种直接的趋向或本能，这种趋向或本能主要着眼于打动感情这一简单的对象，而不理会任何体制或体系，亦不理会他人的协力，模仿，或榜样所产生的后果。父母不顾一切去减轻经由那种自然的同情而传来的他们的孩子的痛苦，那种自然的同情驱动着他们，使他们无暇去考虑其余的人类在类似情况下的情感或行为。慷慨的人高兴地接受为朋友效劳的机会，因为他那时感到自己被仁爱的感情支配着，他亦不关心这世界上任何别人是过去曾经受到如此高贵的动机的激励、还是将来将会证明如此高贵的动机的作用。在所有这些情况下，社会性的激情都是着眼于某一单个的个别对象，仅仅追求所爱和所敬重的那个人的安全或幸福。它们满足于此，它们默许于此。由于它们的宽厚影响所产生的好处自在地是完满的和完整的，因而这种好处也就直接激起赞许的道德情感，而毋需对于其更深远的后果的任何反思，毋需对于社会其他成员的协力或模仿的任何更广泛的考察。相反，如果慷慨的朋友或无私的爱国者在躬行仁爱的过程中孤立无援，这将反倒提升他在我们心目中的价值，把稀罕和新奇的称赞赋予他的其他更高贵的价值。

正义和忠实这两种社会性的德性的情形则不尽相同。正义和忠实是对人类的福利非常有用的，或者说其实是绝对必需的；但是它们的益处不在于单个人的每一单个行动的后果，而起源于社会整体或其大部分一致赞同的整个体制或体系。全面的和平和秩序是正义的伴生物，亦即全面禁绝侵犯他人财产的伴生物；但是对个体公民的这一特定权利[财产权]的特定尊重就其自身而论往往可能产生有害的后果。在这里，单个行动的后果在许多事例中是与整个行动体系的后果直接对立的；前者可能是极端有害的，后者则是极度有利的。从父辈继承的财富在恶人手中是为非作歹的工具。财产继承的权利在单个事例中可能是有害的。它的益处仅仅起源于对一般规则的遵奉；倘若由此而能弥补特定的性格和处境所造成的不幸和不便，那就足够了。

年轻而未经世的居鲁士[①]在将长衫分派给高个男孩、而将短衫分派给小个男孩时，只考虑了眼前的单个的情况，只反思了有限的合适和便利。当太傅则教他做得更好，向他指出了更广泛的视野和后果，告诉了他维持社会的全面的和平和秩序所必需的一些一般的、不可变易的规则。

人类的幸福和繁荣起源于仁爱这一社会性的德性及其分支，就好比城垣筑成于众人之手，一砖一石的垒砌使它不断增高，增加的高度与各位工匠的勤奋和关怀成正比。人类的幸福建立于正义这一社会性的德性及其分支，就好比拱顶的建造，各个单个的石头

---

① 居鲁士，Cyrus，约公元前600～前529年，古波斯帝国国王，阿契美尼德王朝的创立者。——译者注

都会自行掉落到地面，整体的结构惟有通过各个相应部分的相互援助和联合才支撑起来。

一切规范所有权的自然法以及一切民法都是一般性的，都仅仅尊重案件的某些基本的因素，并不考虑有关个人的性格、境况和关系，不考虑这些法律的规定在任何给定的特定案件中可能产生的特定的后果。它们毫无顾忌地剥夺一个心地慈善的人的所有财产，倘若这些财产是误得的、没有正当名义的话，以便将之赠予一个剩余财富已堆积如山的自私的守财奴。公共的效用要求所有权应当受一般的不可变易的规则所规范；虽然这样的规则被采纳来尽可能促进公共的效用这同一个目的，然而对它们来说要防止一切特定的困苦或使每一单个的事件都产生有益的后果是不可能的。如果整体的计划或体制是公民社会的维持所必需的，如果由此在大体上善多于恶，那就够了。甚至宇宙的一般的法则，尽管是由无限的智慧所计划的，也不能排除其每一次特定的运行中的所有灾难或不便。

曾经有人断言，正义起源于**人类的约定**，发端于人类的自愿的选择、同意或结合。如果“约定”在此是指“许诺”（它是这个词的最通常的意义），那就没有什么是比这种观点更荒谬的。对许诺的遵奉本身就是正义的最重要的部分之一，我们并不因为我们答应遵守许诺就一定约束自己遵守许诺。但是如果约定是指一种对共同利益的感觉，这种感觉是人人在自己内心里感受到、在自己同胞身上觉察到、在自己和他人协力时将自己带入一个旨在促进公共的效用的一般行动计划或体系中的，那么必须承认，在这个意义上，正义起源于人类的约定。因为如果我们承认（这其实是自明的），一个特定的正义行为的特定后果可能既有害于公共也有害于单个人，那么结果就是，人人在接受正义这一德性时必定着眼于整体的计划或体系，必定期望他们的同胞以同样的行为和举止相呼应。如果人人都将自己的视野完全局限在自己的各个行为的后果上，那么他们的仁爱和人道，以及他们的自爱，就可能经常给他们颁布一些与那些合乎严格的正当规则和正义规则的行为标准完全不同的行为标准。

因此，通过为了共同利益的共同的约定，毋需任何许诺或契约，一只舟上的两个人就摇起桨橹；因此，通过人类的约定和协议，金和银就被制成交换的尺度，话语和语词以及语言就被确定下来。凡是所有人尽其一分力量就对两个或更多的人有好处的事情，凡是单单一个人做来就使所有好处丧失殆尽的事情，都决不可能起源于任何别的原则。否则任何人都不会有进入那种行为方式的动机。[1]

① 这一关于所有权的起源、因而关于正义的起源的学说大体上与格劳秀斯所提示和采纳的相同。“Hinc discimus, quae fuerit causa, ob quam a primaeva communione rerum primo mobilium, deinde et immobilium discessum est: nimirum quod cum non contenti homines vesci sponte natis, antra habitare, corpore aut nudo agere, aut corticibus arborum ferarumve pellibus vestito, vitae genus exquisitius delegissent, industria opus fuit, quam singuli rebus singulis adhiberent: Quo minus autem fructus in commune conferrentur, primum obstitit locorum, in quae homines discesserunt, distantia, deinde justitiae et amoris defectus, per quem fiebat, ut nec in labore, nec in consumtione fructuum, quae debebat, aequalitas servaretur. Simul discimus, quomodo res in proprietatem iverint; non animi actu solo, neque enim scire alii poterant, quid alii suum esse vellent, ut eo abstinerent, et idem velle plures poterant; sed pacto quodam aut expresso, ut per divisionem, aut tacito, ut per occupationem.” *De jure belli et pacis.* Lib. ii. cap. 2. § 2. art. 4 and 5. [“由此我们可以得知，存在最先动产公有制得以瓦解、其后不动产公有制得以瓦解的原因；毋庸置疑，由于孱弱的人类自身天生不满足于以穴为居，不满足于赤身裸体或穿着树皮而行动，他们在生活方式上精益求精，

“自然的”这个词通常被从如此众多的意义上加以理解、有着如此松散的意蕴，以致看来要争论正义是自然的还是非自然的都是白费气力。如果自爱、如果仁爱对于人是自然的，如果理性和深谋远虑对于人也是自然的，那么这同一个词也可以运用于正义、秩序、忠实、所有权、社会。人们的爱好和必需引导他们结合起来，他们的知性和经验告诉他们，这种结合在人人不以任何规则辖制自己、不对他人财产给予任何尊重的地方是不可能的；根据这些激情和与之结合在一起的反思，一俟我们从他人身上观察到类似的激情和反思，这一贯穿一切时代的正义情感就可靠无误地、程度或此或彼地在人类每一个个体身上出现了。在如此睿智的一种动物身上，其智性能力的运用所必然产生的东西可以正当地认定为自然的①。

在一切文明化的民族，人们一直在不断努力将一切任意的和偏私的事物从关于所有权的决定中清除出去，通过诸如对社会成

对个别事物个别对待的那种努力就是必需的；其次为了使产品更少地聚集于公社，最先发生了人们地位的划分的差别，后来发生了正义和爱的衰退，以致不论在劳动中或在对产品的应有的消费中平等都不复存在。同时我们还可以得知，他们把财物转化为所有权的方式不是单单借助于心灵的活动，不是因为一些人有能力知道另一些人想把什么据为己有就予以阻止，并期望自己占据较大的部分，而是借助于某种约定，或者明确的约定，例如通过分配，或者默许的约定，例如通过占有。”《战争与和平法》，卷 II，第 2 章，第 2 节，第 4 条和第 5 条。]

① “自然的”既可以与“不寻常的”、“神迹的”相对，也可以与“人为的”相对。在前两种意义上，正义和所有权无疑都是自然的。但是由于正义和所有权以理性、深谋远虑、设计以及人们当中的一种社会性的联合和联盟为前提，因此“自然的”这个词在后一种意义上严格说来或许并不能适用于它们。假如人类曾经没有社会而生活过，则所有权就决不会被知晓，不但正义而且不正义也决不会实存。而人类的社会没有理性和深谋远虑则绝不可能存在。低等动物的结合是由本能所指导的，本能取代理性的地位。然而所有这些都不过是些言辞争论而已。

员一律平等之类的一般观点和考虑来规定法官们的判决。因为不但最危险的莫过于让法庭习惯于甚至在最无足轻重的审理中注重于私人的友谊或敌意，而且确定无疑的，当人们想象他们对手的优先权利的理由没有别的、不过是裁判官和法官的个人好恶时，他们很容易对裁判官和法官抱以最强烈的恶意。因此，当自然理性不能指明可用以判决所有权纷争的关于公共效用的确定观点时，成文法就常常被构造出来以取代它的地位，指导所有司法法院的程序。如果这些成文法也不适用，正如经常发生的那样，先例就受到援引；而一个先前的判决，尽管其自身并没有任何充足的理由，却正当地变成新的判决的充足的理由。如果直接适用的法和先例都没有，不完备的和间接适用的法和先例就被引来襄助；通过类比推理和比较，通过它们之间经常与其说是实在的、毋宁说是想象的相似性和一致性，这例纷争案件就被归于这些法和先例之下。大体上，我们可以很有把握地断言，法理学在这一方面与所有科学都不同，它的许多微妙的问题都不能确切地认为真理或谬误就在于哪一边。当某方的律师通过精致的类比或比较将案件归入任何先前的法或先例时，对方的律师也不愁找不出相反的类比或比较；而法官所给予的优先权利的判决经常与其说是基于任何严密的论证，毋宁说是基于想像力和趣味。公共的效用是所有司法法院的一般的目标，这种效用也要求有一条稳定的规则对一切纷争起作用；但是当几条近乎相等和不分轩轾的规则同时出现时，正是一种非常微弱的思想倾向规定着有利于哪方的判决①。

① 占有物应当存在一种划分或区别，这种划分应当是稳定的和恒常的；这是社会

在我们结束这个主题之前，我们还可以注意到，当正义的法律

的利益所绝对地要求的，因此构成正义和所有权的起源。什么占有物分配给什么特定的个人，这一般说来是相当无关紧要的，往往决定于十分琐屑的观点和考虑。我们将提到一些特定的事例。

如果一个社会是在一些独立的成员当中形成起来的，那么可能获得一致赞同的最明显的规则将是，为**当前的**占有添附所有权，赋予每一个人对他当前所享有的一切以权利。个人与对象之间所发生的占有关系自然地就引出所有权关系。

根据类似的理由，占领或最先占有就变成所有权的基础。

如果一个人对先前不属于任何人的任何对象付出劳动和勤奋，例如修剪一棵树、耕垦一块地等等，那么他所造成的改变就引起他和这个对象之间的一种关系，并自然地使我们根据这种新的所有权关系而将这个对象附加予他。这个原因在此是与本身在于鼓励勤奋和劳动的公共效用相一致的。

在这个例子中，或许对占有者的私人的人道和其他动机协力发生作用，使我们将他凭汗水和劳动获得的东西、将他一向自得其乐地享受的东西让他保存着。因为尽管私人的人道决不能是正义的起源，这是因为正义这种德性经常是与人道这种德性相矛盾的，然而当划分和保持占有的规则一旦经由社会的不可避免的必需性而形成起来，私人的人道和一种对伤害他人的反感就可以在一个特定的事例中产生一条特定的所有权规则。

我很倾向于认为，财产继承和世袭的权利在很大程度上依赖于想像力的那些联结，与前所有主的关系导致与前所有主的对象的关系，这是人死后其财产所有权被转移给亲属的原因。的确，勤奋由于占有向子女或近亲转移而受到更大鼓励；不过这种考虑惟有在开化的社会中才会出现，虽然财产继承的权利甚至在最野蛮的民族中也都受到尊重。

所有权由**添附**而获得，这决不能通过任何别的方式，只能借助于想像力的关系和联结得到解释。

河流的所有权，根据大多数国家的法律，根据我们思想的自然倾向，归于河流两岸的所有主，诸如莱茵河或多瑙河之类的大河是例外，它们似乎太大而不适合于用作对它们毗邻的田野的所有权的添附。然而甚至这些大河也被当作它们所流经的国家的财产，被当作具有与它们相匹配的、并与它们保持一种想象的关系的适当面积的国家的观念。

民法学家认为，对河流边沿的土地的添附应当依照陆地，如果那块土地是他们称为**冲击物**的东西，亦即不知不觉地形成的东西的话；正是不知不觉这种因素促进着想像力的联结。

如果有任何相当大的一部分突然被从河流的此岸撕走而加予河流彼岸，那么直到这部分与其所附着的土地结合起来，直到树木和植被的根茎蔓延到两边之前，对于其所附着的土地的主人来说，这部分都不成其为**他的**财产。在那之前，思想不足以将它们

按照一般效用的观点被确定之后，触犯这些法律而给任何单个人造成的伤害、痛苦和损害就相当受重视，是每一个不正当或不公正的事件之受普遍谴责的一个重大源泉。根据社会的法律，这件衣、这匹马是我的，**应当**永远为我所保有；我指望安然地享用它；你们将它从我这里夺走，就会使我的期望落空，就会加倍使我不快，就会触犯每一位旁观者。就公道规则被违犯而论，这是一件公共的不正当；就一个单个人被伤害而论，这是一件私人的损害。尽管倘若前一种考虑不预先建立，后一种考虑就不可能发生，因为否则**我的**和**你的**的区别就不会被社会所知晓；然而问题仅仅在于，对一般的好处的尊重在很大程度上是受对特定的好处的尊重所强制的。损害社会而不伤害任何单个人的事情经常不那么被人所重视。但是如果极端严重的公共的不正当也伴随有相当严重的私人的不正当，如此不义的一个行为招致极端强烈的不满就是毫不奇怪的。

连接起来。

简而言之，我们必须始终区分人们的占有得以划分和保持的必需性与特定的对象由以被分配给特定的个人的规则。那种必需性是明显的、强烈的和不可克服的；这些规则可能依赖于一种更轻微和更琐屑的公共的效用，依赖于私人的人道的情感和对私人的伤害的反感的情感，依赖于成文法，依赖于先例、类比和想像力的非常微妙的联结和倾向。

附录四 论某些言辞争论

当哲学家们想象他们正在从事意义极其深远和影响极其广泛的争论时，他们往往入侵文法学家的领地，卷入语词之争。正是为了避免如此无聊而又如此漫无休止的争吵，我已本着极其谨慎的态度陈述了我本书所从事的探究的对象，简单地提出了要一方面汇集那些构成爱或敬重之对象并形成一部分个人价值的心理品质，另一方面汇集那些构成责难或谴责之对象并降低拥有它们的那些个人的性格的心理品质，附带地反思了这些称赞或谴责的情感的根源。在一切可能出现丝毫犹疑的场合，我都避免了使用**德性**和**恶行**这两个术语，因为我所划入称赞的对象的那些品质，有些在英语中获得的名称是**才能**而不是**德性**，正如有些可谴责或可责难的品质经常被称为**缺点**而非**恶行**一样。现在人们或许可能期望，在我们结束这一道德探究之前，我们应当将它们相互精确地区别开来，应当标明德性与才能、恶行与缺点之间的确切的界线，并且应当说明这种区别的理由和根源。但是为了使我自己免却这一最终证明不过是文法探究的任务，我将补充下面四个反思，它们包含我对当前这个主题的全部说法。

首先，我发现，在英语或其他任何现代语言中，德性与才能、恶行与缺点之间的界线并没有得到精确的厘定，亦即它们并没有能被相互参照而给出一个准确的界定。例如，如果我们想说惟独自

愿而为的令人敬重的品质才有资格获得德性之名，我们立即就会收集到勇敢、镇定、忍耐、自制这些品质，以及几乎每一种语言所归入这个名称之下的其他许许多多尽管很少依赖于或根本不依赖于我们的抉择的品质。如果我们想断言惟独促使我们为社会克尽我们自己一份职责的品质才有资格获得这个光荣的称号，我们必定立即就会想到，这些品质诚然是极其可贵的、通常被称为**社会性的**德性，但是恰恰“社会性的”这个词本身就意味着还有另外一类德性。如果我们想把握**智性的**才能与**道德的**才能之间的区别，并断言惟独后者才是实在的和真正的德性，因为惟独它们才导致行动，我们就会发现那些通常被称为智性的德性的品质如明智、洞察力、辨识力、审慎等等，有许多对行为也有相当大的影响力。或许也可以采用**心**(heart)和**脑**(head)的区别[①]：心的品质也许可以界定为它们的直接发挥伴随有一种感受或情感，惟独这些品质才能被称为真正的德性；但是勤奋、省俭、自我克制、保守秘密、坚毅以及其他许许多多被普遍称为德性的值得赞美的能力或习惯，被发挥出来却毋需那个拥有它们的人的任何直接的情感，而且它们只是通过它们的作用才为他所知晓。幸而，在整个这种表面的错综复杂中，问题仅仅是单纯言辞上的，不可能有任何重要性。一篇道德的、哲学的论文不需要涉及语言的所有这些无常变化，语言的这些无常变化在不同的方言中，在同一种方言的不同的发展阶段中，都是相当不可捉摸的。不过大体上，在我看来，尽管我们总是承认存在许多种类不同的德性，然而当我们称一个人为**有德性的**或名之

① 亦可译作“**胸**和**头**的区别”。两者分别表示情感能力和知性能力。——译者注

为德性之士时，主要看重的却是他的社会性的品质，这些品质的确是最可宝贵的。同时确定无疑的是，勇敢、自我克制、节约、勤奋、知性、心灵的高贵等方面的任何显著的缺点，又会使甚至性情良好的诚实的人失去这个光荣的称号。除了用之于讽刺，谁什么时候会说，这样一个人具有伟大的德性，却又是一个十足的笨伯呢？

但是，**其次**，在标明德性与才能、恶行与缺点之间的界线时语言将不是十分精确的，这是不足为怪的；因为在我们自己内心对它们的评价中并未作出多大的区别。实际上，看来可以肯定，那种对于自我意识到的价值的**情感**，那种发源于一个人对自己行为和性格的评论的自我满足感，我认为，看来可以肯定，这种尽管在所有其他语言中是最共通的、然而在我们的语言中没有专门名称的情感[①]，产生于勇敢和才干、勤奋和机敏这些才能，一如产生于任何其他卓越的心理品质。另一方面，谁不一想到自己的愚蠢和放荡就深深地感到羞惭，不当记忆无论何时浮现出任何愚蠢或莽撞行为的往事时就感到心如锥刺或懊悔？时间抹不去一个人对于自己愚蠢行为的观念，或对于懦弱或不明智之举给自己招致的当众侮辱的严酷的观念。这些观念在他孤居独处的时光依然萦回不去，抑制他最高昂的思想，甚至向他自己展现一幅以所能想象的最可鄙、最丑陋的色彩描绘的自我形象。

---

① 骄傲这个术语通常被从一种坏的意义上加以理解；但是这种情感似乎是中性的，既可以是好的也可以是坏的，依照其基础的好坏和依照与之相伴随的其他因素而定。法国人表达这种情感用 amour propre 这个术语，但是由于他们也用这同一个术语表达自爱和虚荣心，因而在拉罗什福科［La Rochefoucauld，1613～1680 年，法国思想家、道德作家。——译者注］和他们的许多道德作家那里就出现了巨大的混乱。

难道还有什么比这样的过错、懦弱和卑贱是我们更急于向别人隐藏起来，或更害怕被别人挖苦讽刺暴露出来的吗？难道虚荣心的主要对象不是我们的勇敢或博学，我们的机趣或教养，我们的雄辩或灵巧，我们的趣味或才能吗？这些我们都十分注重，如果不是卖弄，加以展示；我们对在这些方面达到出类拔萃，比甚至对在那些实际具有更高优越性的社会性的德性方面达到出类拔萃，通常表现出更大的雄心。性情温良和诚实，尤其后者，是如此责无旁贷地要求于我们的，以致尽管任何违背这些义务的例子都是受最严厉地责难的，却没有任何特别的称赞用之于这些义务的日常事例，似乎它们已经变成人类社会赖以维持所不可或缺的基础。因此，在我看来，人们缘何经常那样慷慨大方地赞美他们的心的品质，却羞羞答答于赞扬他们的脑的才能，其理由正是因为后面这些应当是更罕见更卓越的德性被观察到是骄傲和自负的更常见的对象，当人们自夸时就招致对这些情感的强烈的猜疑。

很难分辨，你是称一个人为恶棍还是称他为懦夫将更有损于他的名声，一个行尸走肉般的饭桶或酒鬼是否像一个自私吝啬的守财奴那样可恶和可鄙。倘若让我自己选择，我会为了我自己的幸福和自我享受，宁愿有颗友爱和仁慈之心，而不愿拥有德摩斯替尼和腓力合而具有的所有其他德性；不过我宁可被世人当作一个赋有广博天才和大无畏勇气的人，并由此而期望在某些情况下得到强烈而普遍的赞许和钦敬。一个人在生活中所树立的形象，在交际中所受到的欢迎，在熟人中所获得的敬重，所有这些好处都依赖于他的健全理智和判断力，正如依赖于他的性格的任何其他部分一样。即使一个人有世界上最善良的意图，与一切不正义和暴力都毫不沾边，但是倘若他的性格的至少各个部分和知性达不到中等水平，他也绝不可能使自己受到很高的尊重。

那么，我们这里所能争论的是什么呢？如果理智和勇敢、自我克制和勤奋、智慧和知识被公认构成**个人价值**的相当大一部分，如果一个拥有这些品质的人与一个根本不具备这些品质的人相比既更满意于自己，亦更有资格获得别人的善意、敬重和帮助，简言之，如果这些才能所产生的**情感**与社会性的德性所产生的**情感**是相似的，那还有什么理由如此极端地拘泥于**字眼**，或争论它们是否有资格获得德性之名呢？固然，你们也可以声称，这些才艺所产生的赞许情感不但是**低级的**，而且是与正义和人道这些德性所产生的情感有所**不同的**。但是这似乎并不是将它们完全列入不同类别和名称之下的充足理由。恺撒和加图的性格，正如萨鲁斯特所描绘的，两者在最严格和最限定的意义上都是有德性的，但它们的方式却是不同的，而且它们所产生的情感也完全不是同一种。一者产生爱，另一者产生敬重；一者是可亲的，另一者是可畏的；一者我们希望在朋友身上碰到，另一者我们渴望在自己身上拥有。同样，自我克制或勤奋或省俭所引起的赞许可能是与给予社会性的德性的赞许有所不同的，但并没有将它们完全划归不同的种类。事实上，我们可以观察到，这些才能与其他德性相比全都更不会产生同一种赞许的情感。健全理智和天才引起敬重和尊重，机趣和幽默激起爱和好感。①

① 爱和敬重几乎是同一种激情，而且产生于相似的原因。产生这两者的那些品质一样地传达快乐。但是如果这种快乐是严肃的和庄重的，如果这种快乐的对象是伟大的，并产生强烈的印象，或者如果这种快乐产生任何程度的谦卑和敬畏：在所有这些情形下，这种快乐所产生的激情更恰当地应称为敬重，而不是称为爱。仁爱与这两者都相伴随着，但与爱的联系的程度更突出些。轻蔑混合着骄傲，敬重混合着谦卑，前一

我相信，大多数人毋需预先思考就会自然地同意这位优雅而明辨的诗人的定义：

德性（因为单纯的性情温良是愚痴）

就是带有人道的理智和精神[①]。

一个人若将其财富挥霍于奢侈的消费、无用的虚荣、不切实际的计划、放荡淫逸的享乐或漫无节制的赌博，他有什么权利要求我们的慷慨的帮助或慈善的救济呢？这些恶行（因为我们并不忌讳这样称呼它们）给沉迷于它们的每一个人带来无可怜悯的苦难和轻蔑。

阿开乌斯这位贤明的君主，在为了保护自己而用尽一切合理的防范措施之后，还是落入了夺去他王冠和生命的致命的陷阱。故此，历史学家说，他是尊重和同情的适当的对象，惟独他的背叛者才是憎恨和轻蔑的对象[②]。

在内战爆发时庞培的仓皇的逃跑和没有远见的疏失，在西塞罗看来是如此臭名昭著的过错，以致完全败坏了他与这位伟大人物的友谊。"这就好像，"他说，"一个女人缺乏清洁，正派，或审慎，

种混合看来程度更强烈些，其理由对于精确研究过这些激情的人是不难发现的。情感方面的所有这些各种不同的混合和合成和表现构成一个非常令人好奇的思辨主题，不过它们超出于我们当前目的的范围。在本书的探究中，我们从头至尾都总是一般地考虑什么品质是称赞的对象或什么品质是责难的对象，而没有涉及这些品质所激起的情感的所有细微的差异。显然，凡是受到轻蔑的东西也是令人讨厌的，正如凡是受到憎恶的东西一样；在这里，我们努力按照对象的最简单的景象和现象来对待它们。这些科学，即使我们尽我们自己所能采取一切预防措施而将它们由烦琐的思辨变得清楚明白，将它们降低到每一种能力所能接受的水平，对普通读者来说也还是太容易显得抽象深奥。

① 《保健的艺术》，卷 4。

② Polybius, lib. viii. cap. 2. [波里比阿：《历史》，卷 VIII，第 2 章。]

让我们觉得令我们感情疏远。”他不是以哲学家的身份，而是以政治家和老于世故的人的身份与他自己的朋友阿提库斯谈心的时候表达他自己的这种看法的[①]。

但是这同一个西塞罗，当他作为哲学家而推理时，却仿效所有古代道德家而相当广泛地扩展自己对于德性的观念，将心灵的一切值得赞扬的品质或才能都综括在这个光荣的名称之下。这就引向我们提议作出的**第三**个反思，即，古代的道德家，这些最优秀的楷模，并没有在不同种类的心理才能和缺点之间作出任何实质性的区别，而是将它们在德性和恶行的名称之下一样地予以讨论，使它们不加分别地变成他们道德推理的对象。西塞罗在其 *Offices*［《论义务》］中所解释的**明智**[②]就是那种引导我们发现真理、避免谬误和误解的睿智。**宽宏大量**、**自我克制**、**正派**在其中也有详细的探讨。由于这位雄辩的道德家遵从对于四种主要德性的通常划分，因此在他对主题的总体分配中，我们的社会性的义务只占有一个题目[③]。

① Lib. ix. epist. 10.［《致阿提库斯书简》，卷 IX，第 10 简。］

② Lib. i. cap. 6.［《论义务》，卷 I，第 6 章。］

③ 西塞罗下面这段话值得引证，它极其清楚地和明确地适合于我们的目的，亦即任何事情都能被想象出来，而且在一个主要属于言辞性质的争论中，它必定因为这位作者而带有一种不容置疑的权威。

“Virtus autem, quae est per se ipsa laudabilis, et sine qua nihil laudari potest, tamen habet plures partes, quarum alia est alia ad laudationem aptior. Sunt enim aliae virtutes, quae videntur in moribus hominum, et quadam comitate ac beneficentia positae; aliae quae in ingenii aliqua facultate, aut animi magnitudine ac robore. Nam clementia, justitia, benignitas, fides, fortitudo in periculis communibus, jucunda est auditu in laudationibus. Omnes enim hae virtutes non tam ipsis, qui eas in se habent, quam generi hominum fructuosae putantur. Sapientia et magnitudo animi, qua omnes res humanae tenues et pro nihilo putantur, et in cogitando vis quaedam ingenii, et ipsa eloquentia admirationis habet non

我们只需浏览亚里士多德《伦理学》的各章标题就会确信，他将勇敢、自我克制、宽宏大量、恢弘大度、谦逊、明智以及一种充满阳刚的坦荡像正义和友谊一样列入德性中。

忍受(to sustain)和**戒绝**(to abstain)，亦即，忍耐和节制，在某些古人看来是对整个道德的一种概括性的理解。

爱比克泰德几乎从不提及人道和同情的情感，除非是为了让门徒提防它。**斯多亚派**的德性似乎主要在于心志坚定和知性健全。对于他们，正如对于所罗门和东方道德家，愚蠢和智慧与恶行和德性是两两对应的。

大卫说[①]，当你对自己行善时，人们将称赞你。[②]希腊诗人说，

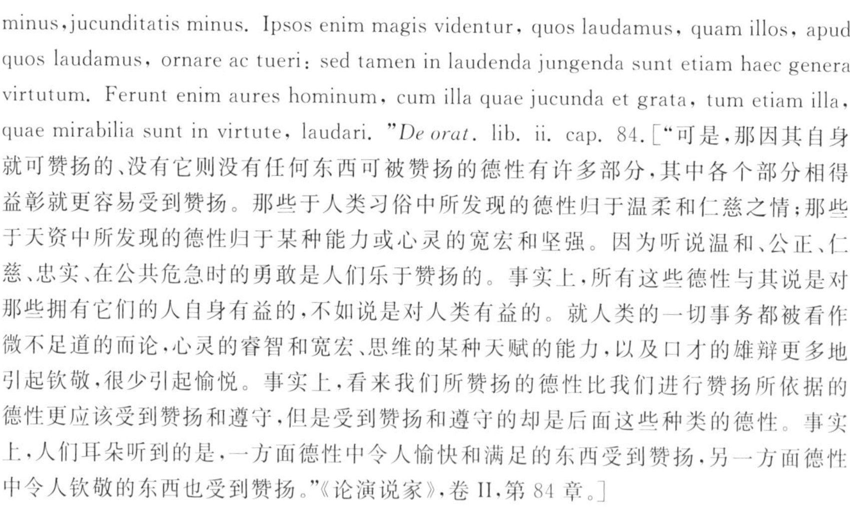

minus, jucunditatis minus. Ipsos enim magis videntur, quos laudamus, quam illos, apud quos laudamus, ornare ac tueri: sed tamen in laudenda jungenda sunt etiam haec genera virtutum. Ferunt enim aures hominum, cum illa quae jucunda et grata, tum etiam illa, quae mirabilia sunt in virtute, laudari. "*De orat*. lib. ii. cap. 84.[“可是，那因其自身就可赞扬的、没有它则没有任何东西可被赞扬的德性有许多部分，其中各个部分相得益彰就更容易受到赞扬。那些于人类习俗中所发现的德性归于温柔和仁慈之情；那些于天资中所发现的德性归于某种能力或心灵的宽宏和坚强。因为听说温和、公正、仁慈、忠实、在公共危急时的勇敢是人们乐于赞扬的。事实上，所有这些德性与其说是对那些拥有它们的人自身有益的，不如说是对人类有益的。就人类的一切事务都被看作微不足道的而论，心灵的睿智和宽宏、思维的某种天赋的能力，以及口才的雄辩更多地引起钦敬，很少引起愉悦。事实上，看来我们所赞扬的德性比我们进行赞扬所依据的德性更应该受到赞扬和遵守，但是受到赞扬和遵守的却是后面这些种类的德性。事实上，人们耳朵听到的是，一方面德性中令人愉快和满足的东西受到赞扬，另一方面德性中令人钦敬的东西也受到赞扬。”《论演说家》，卷II，第84章。]

我设想，如果西塞罗现在还活着，要用狭隘的体系去约束他的道德情感，或劝说他信服除了“人的整个义务”[译者按：西塞罗《论义务》卷I之一章]所介绍的东西再没有别的品质将被承认为**德性**，或被承认是**个人价值**的一部分，都将被发现是困难的。

① 《诗篇》，第49篇。

② 这句话在《新旧约全书》汉译本中译作“你若利己，人必夸奖你。”中国基督教协会，南京，1989年。——译者注

我讨厌对自己不聪明的聪明人[①]。

普鲁塔克在其哲学中一如在其史学中那样完全不受各种体系所束缚。他在比较希腊和罗马名人时将他们的不论何种缺点和才艺都一律公平地对峙起来，不忽略能够降低或抬高他们性格的任何重要的东西。他的道德论文则包含对于人和作风的同样自由和自然的指责。

汉尼拔的性格，正如李维所描绘的[②]，被认为缺乏公正，却容许他具有许多突出的德性。这位历史学家说，从没有一个天才比他更同等地胜任命令和服从这些对立的职责，因此很难确定他究竟是对将军还是对士兵表现得**更可爱**。哈斯德鲁拔最乐意于把任何危险战役的完成信托给他；士兵们在他的领导下最勇敢和最自信。临危而不惧，履险而慎行。任何工作都摧不垮他的体魄、征不服他的精神。寒冷炎热他无动于衷，饮食他只求补充自然的需要，而不是满足自己奢靡的欲望。工作或休息他不分昼夜。——这些伟大的德性被一些重大的罪恶所抵消：惨无人道的残忍，比**迦太基人**更甚的背信弃义[③]，没有真理，没有信仰，不尊重誓言、许诺和宗教。

亚历山大六世[④]的性格，按照圭恰迪尼的记载[⑤]看来颇为类似，

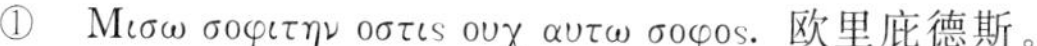

① Μισω σοφιτην οστις ουχ αυτω σοφος. 欧里庇德斯。

② Lib. xxi. cap. 4. [《罗马史》，卷 XXI，第 4 章。]

③ 双关语。汉尼拔是迦太基人，而“迦太基人”(punic)一词兼有“背信弃义”之意，故此语犹如说“比背信弃义更背信弃义”。——译者注

④ 亚历山大六世，Alexander the Sixth，1431～1503 年，出身于西班牙贵族，1456 年获红衣主教职务，1492 年任教皇。在位期间，不断扩张教皇势力，肆行贿赂，大搞暗杀；生活荒淫无度。——译者注

⑤ Lib. i. [《意大利史》，卷 I。]

不过公正些而已;这也证明,甚至现代人,当他们自然地讲话时,与古代人操着同一种语言。他说,这位教皇身上有着非凡的能力和判断力,有着令人钦佩的明智、令人惊叹的说服才能和在一切重大事业中令人难以置信的勤奋和敏慧。但是这些**德性**被其**罪恶**所无限地压倒,没有信仰,没有宗教,贪得无厌,野心勃勃以及比野蛮人更甚的残忍。

波里比阿[①]指摘提麦乌斯[②]对阿迦托克勒斯[③]是不公平的,尽管他自己也承认阿迦托克勒斯是所有僭主中最残忍和最不虔敬的,他说:如果像这位历史学家所断言的那样,他避难于叙拉古,重操陶业和泥烧窑,挥汗苦干,如果从如此薄弱的开端出发,他在不长的时间里就控制整个西西里,威逼迦太基城邦,并最终享尽天年和享有至高无上的尊严而卒;难道不是必须承认,他是一位奇异而非凡的人物,具备成就事业和行动的伟大才能和能力吗?因此,他的历史学家不应当单纯记述那些使他声名狼藉的事情,而也应当记述那些可以增添他的**荣耀**和**光荣**的事情。

总而言之,我们可以看到,古代人在其道德推理中往往将"德性是否可以传授"[④]这个问题看作相当值得怀疑的,很少重视自愿

---

① Lib. xii. [《历史》,卷 XII。]

② 提麦乌斯,Timaeus,约公元前 345～前 250 年,古希腊历史学家,西西里人,因遭阿迦托克勒斯驱逐而移居雅典。主要著作有《历史》三十八卷。——译者注

③ 阿迦托克勒斯,Agathocles,公元前 361～前 289 年,西西里人,公元前 343 年迁往叙拉古,前 317 年取得僭主政权,此后对外大肆进行战争,不断扩张势力范围,对内则加强建设,保持和平和秩序。——译者注

④ Vid. Plato in Menone, Seneca *de otio sap*. cap. 31.[参见柏拉图:《美诺篇》;塞涅卡:《论悠闲》,第 31 章。]贺拉斯亦如是说,*Virtutem doctrina paret, naturane donet*. Epist. lib. i. ep. 18. ["德性是教育的产物,还是自然的馈赠?"《书简》,卷 I,第 18 简。] Æschines Socraticus, Dial. I. [苏格拉底派的埃斯西勒斯,《对话 I》。]

和非自愿的区别。他们正当地认为，懦弱、卑贱、轻浮、焦虑、急躁、愚蠢，以及心灵的许多其他品质都可能显得荒唐和丑陋、可鄙和可恶，尽管它们是不依赖于意志的。我们也不能设想，所有时代的所有人都具有比获得各种外在的美的能力更大的获得各种心理的美的能力。

这里，在说明为什么现代哲学家们在道德探究中往往遵循与古代哲学家们如此不同的一条路线的理由时，就有了我提议作出的**第四**个反思。在较晚近的时代，各种哲学，尤其伦理学，一直是与神学紧密地结合在一起的，其紧密程度比从异教徒中无论何时所观察到的都大得多；由于神学不允许任何调和，而是使知识的所有分支都服从于它自己的意图，根本不尊重自然的现象，不尊重心灵的不偏不倚的情感，因而导使推理甚至语言偏离了它们的自然的轨道，并在一些似乎感觉不出什么差异的对象之间孜孜以求建立各种区别。哲学家们，或者不如说披着哲学家伪装的神学家们，当站在类似于由奖惩的制裁力所卫护的民法那样的立场来看待整个道德时，就必然导致他们提出**自愿**或**非自愿**这个因素作为他们整个学说的基础。人人都可以在自己所喜爱的意义上使用**术语**，但是同时也必须承认，对于谴责和赞许的**情感**是每天都体验到的，这些情感的对象超出于意志或选择的范围，对这些情感，我们即使不作为道德家，至少作为思辨哲学家也都应当给出某种令人满意的理论和阐释。

缺点、过失、恶行、罪恶，这些表达似乎意谓着程度不同的责难和不满；然而它们在根本上全都相当近乎是同一种。阐明一个将很容易使我们对其他几个形成正确的看法，因而照顾于事物本身

比照顾于言辞名称更重要得多。我们对我们自身负有一项义务，这是甚至最通俗的道德体系也承认的；考察那项义务，以便弄清它与我们对社会所负有的义务是否具有亲缘性，必定具有重要的意义。很可能，对这两项义务的遵奉所引起的赞许之情具有相似的性质，而且产生于相似的原则，不论我们可能给予这两个美德的任何一个以何种名称。

一篇对话

我有一位朋友帕拉麦德斯，他在精神上(in his principles)和身体上(in his person)都是一位伟大的漫游者，通过学习和旅行，几乎游遍了智性世界和物质世界的每一个领域。最近，他向我讲述的一个民族令我惊奇不已。他告诉我说，他在那个民族度过了他人生的相当大一部分时光，他觉得那个民族大体上是一个极其文明和智慧的民族。

他说，在这个世界上有一个国家名叫弗尔利，它的经度和纬度无关紧要，它的居民在许多事情上，尤其在道德方面与我们有着恰好相反的思维方式。当我来到他们中间时，我发现我必须忍受双倍的痛苦，首先要学习他们语言的各种术语的意义，而后要了解这些术语的意谓以及它们所附带的称赞或谴责。当有人向我解释一个词，描述它所表示的性格之后，我推断这样一个词必然是世界上最严重的责难；然而我却极其惊讶地发现，某个人在公共交际中把它用于一个与他生活在一起、同他有着极其亲密的关系和友谊的人身上。一天，我对一个熟人说，“你以为项奎斯是你不共戴天的敌人。我喜欢做息事宁人的和事老，所以我必须告诉你，我曾听到他以极其恳切的态度谈起你。”但是出乎我的意料，当我原原本本一字不误地复述了项奎斯的话后，我发现他将它们当作最不可宽恕的公然侮辱，而我无意之间使这两人的裂隙完全不可修复了。

当我来到这个民族时，很幸运有个非常便利的条件，故而随即就被引荐给了最上层的交际圈。当阿尔契克希望我与他同住时，我欣然接受了他的邀请；因为我发现他因为他的个人价值而受到普遍的敬重，事实上弗尔利国人人都将他视为一个完美的人物。

一天傍晚，作为消遣，他邀请我跟他作伴去唱小夜曲，他想将它献给古尔基。他对我说，他完全迷上了古尔基。不久我就发现他的趣味并不是独一无二的，因为我们碰见了他的许多竞争对手，他们都为同一件使命而来。我很自然地推断他的这位意中人必定是全城最美妙的女子之一，内心已经隐秘泛起冲动，想要见识她、结交她。但是当月亮初升的时候，我非常惊异地发现我们身处古尔基就读的大学中；我不禁对陪伴朋友来完成这样一件使命感到有些羞惭[①]。

后来我听说，阿尔契克选择古尔基是得到全城整个上流社会完全赞同的，他们期望他在满足他自己情欲的同时也会对这个青年履行他自己所归功于埃尔考夫的同一种善行。看来阿尔契克年轻时相当漂亮，为许多情人[②]所喜爱，而他把宠爱主要给予了睿智的埃尔考夫；他应当将他在哲学上和在德性上所取得的惊人进步在很大程度上归功于埃尔考夫[③]。

令我感到有些惊讶的是，阿尔契克的妻子（顺便说一句，她碰

---

① 意即：古尔基不是女子而是男子，阿尔契克是一个同性恋者。——译者注

② 在同性恋中，年纪较大的示爱者为“情人”，年纪较小的被爱者为“爱人”。——译者注

③ 意即：埃尔考夫将阿尔契克作为爱人，一方面以他满足他自己的情欲，另一方面也对他在哲学上和在德性上加以培养；相应地，阿尔契克将古尔基作为爱人，也应当在满足他自己情欲的同时对古尔基在哲学上和在德性上予以培养。——译者注

巧也是他的妹妹)对他的这种不忠一点也不愤慨。

约莫与此同时,我发现(因为他们并没有试图对我或对任何人保密)阿尔契克是一个谋杀者和一个弑亲者,曾经害死了一个无辜的人,这个人同他有着最亲密的关系,是他根据一切自然的纽带和人道的纽带都有义务加以保护和保卫的。当我以所能想象的谨慎和敬畏问他这样行动的动机是什么时,他淡然地回答,他那时的环境并没有现在这样舒适,在那个特定的环境中,遵照所有朋友们的意见,他便采取了行动。

听说了阿尔契克的如此备受赞美的德性,我假装附和于一般的喝彩之声,只以一个陌生人式的好奇方式打听,在他的所有高尚的行动中哪一个是受到最高赞扬的;不久我就发现所有人的情感全都统一于优先选择对乌斯贝克的暗杀。这位乌斯贝克直到生命最后一息都是阿尔契克的密友,他曾把许多重任交给他,甚至在一定场合救过他的性命,并且还立下遗嘱,这份遗嘱是在谋杀事件发生之后发现的,让他继承自己的相当大一部分财产。据说,阿尔契克是与大约二三十人合谋的,这些人绝大部分也是乌斯贝克的朋友;这个不幸的人尚没有觉察,他们就一拥而上,将他捅了上百个窟窿,以此报答他过去的宠爱和恩惠。这个民族的一般的声音说,乌斯贝克具有许多伟大的和善良的品质,他的恶行也是闪光的、恢弘的和慷慨的;但是在所有价值裁判官的眼中,阿尔契克的这个行动却使他远远超出于乌斯贝克之上,是或许永沐阳光的最高贵的人物之一。

我发现阿尔契克还受到高度赞扬的另一部分品行是,他对与他共同从事某项颇为重要的计划或事业的卡利什的态度。卡利什

是一个性情暴躁的人,有一天,他给予阿尔契克一顿着实的痛打,阿尔契克非常忍耐地承受了,等他情绪好转之后,依然与他保持一如既往的交往;通过这种方法,他使他们共同从事的事业取得了可喜的成果,而由于他的非凡的性情和节制,他自己也获得了不朽的荣誉。

最近我收到一位弗尔利国朋友的来信,从信中得知,自从我离开以后,阿尔契克由于健康状况恶化,镇静自如地自缢了,死得令举国上下既痛惜又喝彩。弗尔利国人人都说,如此有德性的和高贵的一生,除了如此高贵的了结,再没有什么能作为更完美的结束了;阿尔契克正如以他直到最后一息都在自夸的所有其他行动那样,以此证明了一个智慧的人决不低于大神维茨利。这是弗尔利人的最高神祇的名字。

帕拉麦德斯继续说,这个民族对于良好举止和社交活动正如对于道德一样有着不同寻常的概念。我的朋友阿尔契克曾经为我举行一次娱乐聚会,举凡弗尔利国的名流贤达和哲学家全都参加了,我们每个人自带食物同他一道来到聚会所在。我看到他们中有一个人准备的食物比别人差,于是就将我那份与他分享,我带的碰巧是只烧嫩鸡;而我发现他和其他所有参加聚会的人却都讥笑我单纯。他们告诉我,阿尔契克对这个俱乐部曾经有过非常重大的影响,以至于说服他们共餐;他利用一个计谋来达到这个目的。他看到哪些人准备的食物**最差**,就劝说他们把食物分给大家;其后那些带有较精美食物的人就不好意思不把自己的食物也分给大家。这被看作一件不同寻常的事情,以致据我所知它从此以后被载入了由弗尔利国最伟大的天才之一所创作的阿尔契克生平故事。

我说，帕拉麦德斯，请问，当你在弗尔利国时，你也学会了那种戏弄朋友的技巧吗？先是给朋友讲些怪诞故事，然后倘若他们相信，便对他们加以嘲笑。他回答说，我向你保证，倘若我想学习这样一门课程，世界上再也没有比那儿更合适的地方了。我经常提到的这位朋友从早到晚所做的就没有别的，只是嘲笑、奚落和挖苦；你几乎从来分不清他是在取笑还是在说正经话。但是这时你认为我的故事纯属乌有，我利用或者不如说滥用了一个旅行家的特权。我就说，的确，你只是在取笑而已。如此野蛮和粗野的风俗不但是与一个如你所说到的文明智慧的民族不相容的，也是与人类本性决不相容的。它们超出我们在明格列尔人[①]和图皮南巴人[②]中所了解的一切。

他叫道，当心啊，当心！你没有意识到你正在亵渎神明，正在诋毁你特别喜爱的人，希腊人，尤其是雅典人，他们是我一直用这些古怪的名字所影射的。如果你没有想错的话，前面这种性格是不会引起惊诧的，这种性格在雅典最优秀的人身上就可以发现，而丝毫不会减弱其性格的光辉。希腊人的爱情，他们的婚姻[③]，和他们对子女的遗弃，不会不直接给你强烈的印象。乌斯贝克之死是恺撒之死的精确翻版。

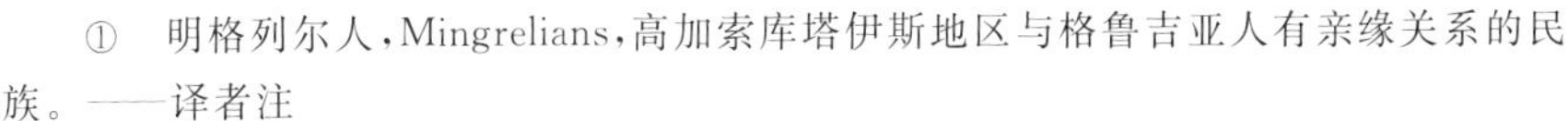

① 明格列尔人，Mingrelians，高加索库塔伊斯地区与格鲁吉亚人有亲缘关系的民族。——译者注

② 图皮南巴人，Topinamboues，从亚马逊河口到圣保罗州南部的巴西海岸的一个绝种的图皮民族。——译者注

③ 雅典的法律允许男子娶同父异母的姊妹为妻。梭伦的法律禁止鸡奸奴隶，因为这是一种非常高贵而不适合于这样低贱的人的行为。

我打断他说，所有这一切都是没有价值的琐事，你没有提到乌斯贝克是一个篡位者。

我没有，他回答说，为的是免得你发现我所影射的那条线索。但即使加上这个因素，我们也将毫不犹豫地按照我们的道德情感而把布鲁图和卡西乌斯称为忘恩负义的背叛者和刺客；尽管你知道，他们或许是整个古典古代的最高的性格，雅典人为他们塑立了雕像，将他们的雕像放在他们自己的解放者哈摩迪乌斯和阿里斯托吉通的雕像旁。如果你认为你所提及的这个因素对赦免这些爱国者极为关键，那么我将补充你没有提及的另一个因素，这个因素将同等地加重他们的罪恶。在他们实施那个重大图谋的前几天，他们全都起誓忠于恺撒，而在他们发誓永远维护他的人格的神圣性之时，他们却用那为了消灭他而已藏执武器的双手玷污了圣坛[①]。

我不需要提醒你关于忒米斯托克利[②]、关于他忍耐地对待欧律比亚德斯这位斯巴达人的备受赞美的著名故事，他的这位司令官在一次军事会议上为争论所激怒，抡起手杖向他砸来(同样的事似乎已曾发生过)，“打吧！”这位雅典人说，“打吧！但是要听我的。”

你是一位非常优秀的学者，不会看不出我最后那个故事中有爱讽刺的苏格拉底及其雅典俱乐部；你一定会注意到它是从色诺

① Appian, Bell. Civ. lib. iii. Suetonius in vita Caesaris. [阿庇安：《内战记》，卷III。苏埃托尼乌斯：《诸恺撒生平》。]

② 忒米斯托克利，Themistocles，约公元前524～前460年，雅典执政官。——译者注

芬那里精确复制过来的，不过变换姓名而已[①]。我想我已经清楚地表明，在雅典人看来是有价值的人，在我们看来可能是乱伦者、杀父弑母者、刺客、忘恩负义的人、发假誓的人和某种别的可恶得无以名之的东西，更不用说其粗鲁和不良作风了。以这种方式生活之后，死亡对其就可能是再合适不过的；他可能以绝望的自杀来结束这种景象，而死时仍满嘴不干不净的亵渎神明的荒唐的话语。尽管如此，人们还将为他建立雕像（如果不是圣坛）来纪念他，为他创作诗歌和演说来颂扬他，伟大的学派将因以他的名字命名而自豪，最遥远的后代子孙将盲目承续他们的景仰；尽管如果这样一个人出现在他们中，他们会心怀恐怖和憎恶地予以对待。

我回答说，我可能已经识破你的计谋。你似乎是在以这个话题来取乐；你确实是我平生所知对古人既非常了解又不极端钦敬的惟一一个人。但是你现在似乎不是在攻击他们的哲学、他们的雄辩术或诗学这些我们之间经常争论的主题，而似乎是在指责他们的道德，谴责他们对一门科学的无知，而在我看来，只有在这门科学中他们未被现代人所超越。几何学、物理学、天文学、解剖学、植物学、地理学、航海术，在这些领域我们有正当理由声称处于优势；但是我们有什么可与他们的道德家相抗衡呢？你对事物的描绘是谬误的。你对不同时代的风俗和习俗没有宽容的态度。难道你会用英格兰的习惯法去审判一个古希腊人或一个古罗马人吗？听听他们用他们自己的准则为他们自己辩护，然后再宣判吧。

如果以一种为当事人所不知的标准去衡量，尤其是如果在渲

① Mem. Soc. lib. iii. sub fine.［《回忆苏格拉底》，卷 III，参见该书末。］

染某些因素、淡化其他因素时运用技巧和雄辩术，以便最切合你的谈话的目的，则任何风俗都不会是纯洁的或合理的，而可能变成邪恶的或荒唐的。所有这些人为的机巧可以很容易就反过来适用于你们。譬如，如果我能告诉雅典人说有某个民族，在那里，主动的和被动的通奸都是最高的时尚，都受到最高的尊重；在那里，每个有教养的男人都可以选择已婚女人（或许是他自己朋友和同胞之妻）作情妇，并根据这些伤风败俗的一次次征服来评价自己，仿佛他是在**奥林匹亚**运动会上一次次赢得拳击或摔跤胜利似的；在那里，每个男人也都以对妻子俯首帖耳和为她提供方便而自豪，都以通过允许她出卖色相来交友或获利而高兴，甚至不需要任何这样的动机就给予她充分自由和放纵的权利：那么请问，对于这样一个民族，对于通奸除了并发抢劫和荼毒决不会提及其罪恶的这些人们，雅典人会怀抱什么情感？对于这样一种行为，雅典人是会钦敬其腐化堕落还是会钦敬其卑贱？

如果我还补充说，这同一个民族像雅典人为他们自己的自由而自豪一样为他们的奴性和依赖性而自豪，他们当中的一个人虽然受到暴君的压迫、贬黜、压榨、凌辱，甚或监禁，也仍然会把热爱他、侍奉他、服从他、甚至为他最微不足道的荣耀或满意而死视为至高无上的价值；这些高贵的希腊人或许就会问我，我说的是一个人类的社会还是某个低级的奴性的种族。

在这个时刻，我可以告诉我的雅典听众，这些人无论如何是不缺乏气概和勇敢的。我说，如果一个人，尽管是他们的亲密的朋友，在私人圈子里对他们表露出一种近似于你们的将军和政客们每天当着全城邦人的面相互逗乐的任何嘲笑的善意的嘲笑，他们可决不会原谅他；相反，为了替他们自己洗雪，他们会强迫他立即从他们胯下钻过或者自杀。而如果一个人，对他们是绝对的陌生人，要求他们冒着自己生命的危险去割断他们知心朋友的喉咙，他们就会立即服从，并认为自己领有这份使命是高度的知遇和荣幸。这些就是他们关于荣誉的准则；这就是他们所钟爱的道德。

但是尽管对朋友和同胞时刻保持着剑拔弩张，然而耻辱、劣迹、痛苦、贫穷，没有一样会使这些人把剑尖转向他们自己的胸膛。一个有地位的人会恐吓谩骂，会乞讨食物，会憔悴狱中，会忍受各种严刑折磨，而仍然保存其肮脏的生命。与其以对死亡的慷慨轻蔑来摆脱敌人，他会宁愿不顾廉耻地从敌人那里接受由耀武扬威的凌辱和最惨烈的痛苦所加剧的同一个死亡。

我继续说，在这个民族，建立监狱并在其中把折磨拷问不幸囚犯的每一种技艺都仔细加以研究和实践，也是非常平常的；在这些监狱中，一个父亲自愿禁闭自己的几个孩子，以便让另一个他承认并没有更大甚或毋宁更小价值的孩子能得到自己的全部财富、尽情地寻欢作乐，也是平常的。在他们看来，最有德性的莫过于这种野蛮的偏爱。

我对雅典人说，但是在这个古怪的民族更属独一无二的是，你们农神节[①]期间由主人侍奉奴隶的嬉戏他们一年四季乃至毕生都认真不辍，而且还伴随有某些更添其荒诞和滑稽的因素。你们的娱乐只在几天日子里提升那些被命运所抛弃的、而在娱乐中命

① 希腊人和罗马人都庆祝农神节或收获节。见琉善，Epist. Saturn.［《萨图尔努斯颂》。］

运也可能真的永远提升到你们之上的那些人；但是这个民族却极大地提高那些被大自然命定屈从于他们、其低劣和虚弱是绝对无可救药的人的地位。女人，尽管没有德性，却是他们的主人和君主；他们敬畏、称赞和推崇她们；他们对她们表示至高无上的敬意和尊重；时时处处，对于女性的优越地位，凡是自认为有教养和礼貌的无不乐于承认、无不甘心忍受。几乎没有任何罪恶会比违反这条规则受到更普遍的憎恶。

帕拉麦德斯回答说，你不必再说下去了，我可以很容易猜出你所针对的民族。你用来描绘他们的笔法相当准确，不过你必须承认，无论古今，几乎找不出一个其民族性格在总体上更不容易有例外的民族。但是我感谢你帮助我从我的证明中解脱出来。我无意于牺牲古人以抬高今人。我只想表明关于性格的所有这些判断的不确定性，使你相信风尚、时尚、习俗和法律是一切道德规定的主要基础。雅典人无疑是一个文明智慧的民族，如果真有文明智慧的民族的话；然而在他们看来是有价值的人，在现代可能被认为是恐怖和令人嫌恶的对象。法国人无疑也是一个文明智慧的民族；然而在他们看来是有价值的人，在雅典人看来可能是最高度的轻蔑和嘲笑乃至憎恶的对象。那么什么使问题变得较不同寻常的：这两个民族在民族性格方面在古今任何时期都被认为是最相似的，当英国人自诩他们与罗马人相像时，他们在大陆的邻居则将他们自己与那些讲礼貌的希腊人相提并论。因此，在文明的民族与野蛮的民族之间，或者说在民族性格很少共通之处的诸民族之间，在道德情感上必定有多大的差异？我们如何才能自谓为道德判断确立一个标准？

我回答说，通过把问题追溯到更高的层次，并考察各个民族对于谴责或责难所确立的首要的原则。莱茵河北流，罗纳河南奔，然而两者发源于同一座山脉，也在相反方向上为同一条重力原则所驱动。它们奔流于其上的地面的不同倾斜造成它们流程的一切差异。

一个有价值的雅典人和一个有价值的法国人会在多少因素上确定无疑地彼此相像呢？健全理智、知识、机趣、雄辩、人道、忠实、真实、正义、勇敢、自我克制、坚定不移、心灵的高贵，这些你全都忽略不顾，以便单单坚持他们在其中可能偶尔表现出差异的因素。好吧，就算如此；现在我就按照你的说法，努力根据道德的最普遍的既定的原则来说明这些差异的缘由。

希腊人的爱情，我不想更具体地考察。我只想指出，这些爱情不论是多么可谴责的，都起源于一个非常纯洁的原因，即这个民族中频繁的体育锻炼，并被推崇（尽管荒谬地）为友谊、同情、相互依恋和忠实[①]这些在所有民族和所有时代都受到敬重的品质的源泉。

同父异母的兄弟姊妹之间的婚姻似乎不太难说明。近亲之间的爱情是违背理性和公共效用的，但是我们将予以止步的那个精确的界点却绝不是自然理性所能规定的，因此它就是国内法或习俗的一个非常适当的主题。如果说雅典人在一个方面走得稍许有点远，那么教会法无疑就是把问题彻底地推向了另一个极端[②]。

如果你问一个雅典父亲他为什么剥夺他自己孩子的那条他前不久刚刚给予的生命。他就会回答，正因为我爱它和我把贫困看

---

① Plat. Symb. p. 182, ex edit. Ser. [柏拉图：《会饮篇》，第 182 页，引自 Serranir 版。]

② 见《道德原则研究》，第四章。

作一项比死亡更大的恶，它活着必须跟我忍受贫困，而对死亡却不可能有恐惧，感受，或怨恨[1]。

如何才能从一个篡位者或暴君手中夺回公共的自由这一切赐福中最可宝贵的赐福，如果他的权力保护他免遭公共的反抗、而我们的顾忌又使他逃脱私人的复仇的话？你承认他的罪行按照法律乃是死罪；而他把他的罪行加到极端，亦即将他自己凌驾于法律之上，不是必定为他形成充分的安全保障吗？你无法作出任何别的回答，只能表明暗杀极为不便；这一点任何人都能向古人清楚地证明，他已改变了古人在这方面的情感。

再把你的目光转移到我关于现代风俗所描绘的图画上；我承认，为法国人的风流韵事辩护几乎就像为希腊人的风流韵事辩护一样困难重大，只不过前者比后者更自然和更令人愉快一些而已。但是我们的这些邻居们似乎决心为了社交的乐趣而牺牲某些家庭的乐趣，宁要舒适、自由和一种开放的交往而不要一种严格的忠实和坚贞。这两方面的目的都是善的，有几分难以调和；如果民族习俗有时太倾向于这个方面，有时太倾向于那个方面，我们也不必感到惊讶。

对我们国家的法律怀有不可亵渎的感情在任何地方都被承认是一种主要德性；而如果这个民族不幸没有任何立法机关而只有一个独夫，在那种情况下，最严格的忠诚就是最真实的爱国主义。

最荒唐和野蛮的谅必莫过于决斗，但是那些为决斗辩护的人却说它产生了礼仪和良好作风。你可以观察到，一个决斗者总是

① Plut. de amore prolis, sub fine.［普鲁塔克：《论对子女的爱》，参见该文末。］

根据他的勇气、他的荣誉感、他的忠实和友谊来评价自己，这些品质在这里确实受到非常奇怪的指引，但是它们自开天辟地以来一直被普遍地敬重着。

诸神禁止自杀吗？雅典人认为，自杀应当是禁止的。上帝允许自杀吗？法国人认为，与其痛苦和出丑，毋宁死。

我继续说，于是你可以看出，人们在道德上进行推理所依据的原则总是相同的，虽然他们引出的结论经常是非常不同的。他们在道德上比在任何其他主题上推理更正确，这是任何道德家都没有义务予以表明的。只要责难或谴责的原始原则是一致的，结论的错误可以通过更健全的推理和更广博的经验得到纠正，这就足够了。希腊罗马灭亡以来虽已经历了许多时代，宗教、语言、法律和习俗虽已发生了许多变化，但这些变革在道德的基本情感上正如在外在美的基本情感上一样，没有一个产生出任何重要的革新。或许可以在这两者上观察到某些细微的差异。贺拉斯[①]赞美低脑门，阿那克里翁[②]称颂连心眉[③]；但古代的阿波罗和维纳斯仍是我们关于男性美和女性美的典范，同样，西庇奥和科奈利亚[④]的性格仍是我们关于英雄的光荣和淑女的荣誉的标准。

---

① Epist. lib. i. epist. 7. [《书简》，卷I，第7简。]亦见lib. i. ode 3. [《诗篇》，卷I，第3篇。]

② 阿那克里翁，Anacreon，约公元前570～?，古希腊诗人，其诗多歌颂美酒和爱情，传世的只有一些片断。——译者注

③ Ode 28. [《诗篇》，第28篇。]佩特罗尼乌斯（第86章）把这两个因素都作为美而结合起来。

④ 科奈利亚，Cornelia，约生活于公元前二世纪下半叶，古罗马贵妇，大西庇奥之女，森普劳尼乌斯·格拉库斯之妻。在夫死后，她饱经忧患，独自抚育子女成材，作为贤母的典范而受到罗马人称颂。——译者注

看来，从没有任何品质不是因为其**对一个人自己有用**，或**对他人有用**，或**令他自己愉快**，或**令他人愉快**，而被任何人称许为德性或道德优点的。因为对于称赞或赞许我们还能给出什么别的理由吗？或者称许一种性格或行动为善、又同时承认它**不对于任何东西为善**，其意义何在呢？因此，道德上的一切差异都可以还原为这个一般的基础，都可以通过人们对这些因素所采取的不同观点来说明。

有时人们对于任何习惯或行动的有用性形成不同的判断；也有时事物的特别的因素使一种道德品质比其他道德品质更有用并给予它一种特别的优先选择。

在战争和动乱时期，军事的德性将比和平的德性更受人赞美和钦敬、更吸引人的注意力，这并不令人惊奇。图利说[①]："看到辛布里人[②]、凯尔特—伊贝利亚人[③]和其他野蛮人可以坚强地忍受战场上的一切疲劳和危险，而令人憔悴的瘟疫的痛苦和危险却使他们立刻垂头丧气；反之，希腊人可以坚韧地忍受由疾病所武装的死神的缓缓逼近，而当死神拿着刀剑向他们发动猛烈进攻时却胆怯地飞身逃遁，是多么平常啊！"在好战的民族或爱好和平的民族中甚至勇敢这同一种德性也是如此不同！实际上，我们可以观察到，

① Tusc. Quaest. lib. ii. [《图斯库卢姆谈话录》(该书是西塞罗的一部哲学著作)，卷II。]

② 辛布里人，Cimbrians，古日耳曼部落一支，来自罗马作家称为辛布里半岛(即北欧日德兰半岛)的朱特，曾在公元前二世纪后期给罗马人带来恐惧和威胁。——译者注

③ 凯尔特—伊贝利亚人，Celtiberians，古代西班牙中东北地区凯尔特部落和伊贝利亚部落的混合民族，公元前二世纪初臣服于罗马。——译者注

由于战争与和平之间的差异是一些民族之间和一些公共社会之间所出现的最大的差异，因而它也就引起道德情感的各种最大的变化，使我们关于德性和个人价值的观念呈现最大的多样性。

也有时，恢弘大度、心灵的伟大、对奴役的鄙弃、刚毅和正直可能对于一个时代的环境比对于另一个时代的环境更适合，而且对公共的事务和个人自身的安全与发展都有更好的作用。因此，我们的价值观念也将随着这些变化而略有变化；同样一些品质，加图因之而获得最高的赞许，拉贝奥[①]或许就因之而受到责难。

一定程度的奢侈在瑞士本地人身上可能具有毁灭性和有害性，只有在法国人或英国人身上才促进技艺和鼓励勤奋。因此，我们不要期望在伯尔尼有伦敦或巴黎所通行的同样一些情感或同样一些法律。

不同的习俗正如不同的效用一样也有某种影响力；它们通过给予心灵一种预先的偏见可以产生一种优先的偏好，或者偏好有用的品质或者偏好令人愉快的品质，或者偏好重视自我的品质或者偏好延伸于社会的品质。道德情感的这四个源泉仍然存续着，但是特定的偶因可以使其中一个在某一时期比在另一时期更丰沛地涌流。

某些民族的习俗将女人完全排斥在一切社交活动之外；另一些民族的习俗却使她们成为社交和谈话的如此基本的一个部分，以致除了在处理事务时，男性被认为单独几乎完全不能进行相互

① 拉贝奥，Labeo，似即大拉贝奥，公元前一世纪人，罗马法理学家，其子小拉贝奥亦是法理学家。——译者注

交谈和娱乐。由于这种差异是私人生活中所能出现的最具实质性的差异，因而它也必定引起我们道德情感的最大的变化。

在世界上所有禁止一夫多妻制的民族中，希腊人在与女性的交往中似乎一直是最保守拘谨的，他们给女性强加了最严厉的端庄和正派的法律。对此我们可以在吕西阿斯的演说中[①]找到一个有力的例证。一个寡妇受到伤害，倾家荡产，走投无路，召集几个她最亲密的朋友和最直系的亲属来协商；这位演说家说，尽管她以前从不习惯于在有男人在场时说话，但是处境的不幸迫使她不得不把情况当面告诉他们。她在这样一些人面前开口说话似乎还需要道歉。

当德摩斯替尼对他的监护人提起诉讼[②]，要求他们归还他所继承的遗产时，他必须当庭证明，阿芙布斯的妹妹同奥纳特的婚姻完全是诈骗婚姻，而且虽然她有这个虚假的婚姻，但自从她与前夫离异以来过去两年一直是与她兄弟一起住在雅典。值得注意的是，尽管这些人都是这个城邦的首富和名人，这位演说家要证明这个事实却别无他法，只能通过传讯她的婢女，和借助一名在她生病期间曾在她兄弟家中为她诊治的医生的见证[③]。希腊人的作风就是如此保守拘谨。

我们可以确信，作风的极端纯洁正是这种保守拘谨的后果。

---

① Orat. 33.［《演说集》，第33篇。］

② 这是历史上非常著名的一宗诉讼案。德摩斯替尼七岁丧父，他父亲的两个侄女阿芙布斯和德谟丰以及一个朋友滕比德斯做他的监护人。三个监护人利用他们的地位肆意挥霍他父亲留给他的遗产，并在他成人之后通过各种口实和手段阻挠他予以继承，致使他不得不通过法律程序寻求公断。经过旷日持久的诉讼，他最终赢得了胜利，但财产已被挥霍去大半。由于这些诉讼，德摩斯替尼为后世留下了三篇诉讼演说词。——译者注

③ In Oneterem.［《诉奥纳特》。］

相应地我们发现，除了关于一个海伦和一个克吕泰涅斯特拉的传说①，几乎没有一个事例说明希腊历史上有任何事件发端于女人的私通。反之，在现代，尤其在某个邻邦，女性参与教会和国家的所有事务和管理；男人谁不注意博得她们欢心，谁就不可能指望获得成功。亨利三世由于招致女人不快，危及了他的王位，并丢掉了他的性命，完全如同由于他放纵异端。

毋庸讳言，男女之间非常自由的交往和经常在一起生活的后果往往以私通和风流韵事而告终。如果我们非常渴望获得所有**令人愉快的**品质，我们就必须牺牲某些**有用的**品质，而不能妄图各种好处都得兼。日渐增加的放纵事例将削弱对于女人的流言飞语，教导男人逐渐采纳拉·封丹关于女人的不忠的著名准则："如果人们知道它，它就不过是一桩小事；如果人们不知道它，它就是无。"②

有些人倾向于认为，调整女性的**令人愉快的**品质和**有用的**品质之间的所有差异、于其之间保持适当的中庸的最佳方式是，仿效罗马人和英国人与她们同居（因为这两个民族的习俗在这方面似乎是相似的③），就是说，没有风流韵事④，没有嫉妒。根据同样的

① 即帕里斯诱拐海伦引发特洛伊战争以及克吕泰涅斯特拉与埃癸斯托斯私通杀死丈夫阿伽门农。——译者注

② Quand on le sçait, c'est peu de chose:
Quand on l'ignore, ce n'est rien.

③ 帝国时代的罗马人似乎比今天的英国人更放纵于私通和风流韵事；有身份的妇女为了保住她们自己的情人，努力给那些沉迷于嫖妓和同下等人恋爱的人确定一个骂名。她们把他们称为 Ancillarioli[追逐女仆的好色之徒]。见塞涅卡 de beneficiis, lib. i. cap. 9. [《论恩惠》，卷 I，第 9 章。]亦参见马尔替阿[Martial，公元前 104～前 43 年，讽刺诗人。——译者注] lib. xii. epig. 58. [《铭辞诗》，卷 XII，第 58 篇。]

④ 风流韵事在这里是指恋爱和恋情，而不是指在英国正如在其他任何国家中那样所献给女性的相当多的殷勤。

理由，西班牙人和意大利人前一时期的习俗(因为现在已大不相同)必定是任何习俗中最坏的，因为它既有利于风流韵事又有利于嫉妒。

这些不同的民族习俗不仅会影响女性，它们对于男性的个人价值的观念也必定至少在交往、谈吐和幽默方面有所不同。人们居住得很分散的民族会自然地更称许明智，与之相反的民族则会自然地更称许快乐；前者会最敬重作风的简朴，后者则会最敬重作风的礼貌；前者会以健全理智和判断力闻名，后者则会以趣味和高雅闻名；前者会让雄辩的光芒主要闪耀在议会，后者则会让雄辩的光芒主要闪耀在剧场。

我是说，这些都是这样的习俗的**自然的**结果。因为必须承认，机会对民族作风具有重大的影响力，在社会中发生的许多事件都不是根据一般的规则就能说明的。譬如，谁能想象，与女人自由地同居的罗马人会对音乐十分冷漠并以跳舞为耻，而除了在自己家里之外几乎看不到一个女人的希腊人却不断地奏笛、唱歌和跳舞呢？

共和政体自然地产生的道德情感和君主政体自然地产生的道德情感之间的差异，以及全面的富裕和全面的贫穷、全面的团结和全面的分裂、全面的无知和全面的博学所产生的道德情感之间的差异，也是非常明显的。我将以下面一段话来结束我的这一冗长的议论：不同的习俗和境况并不改变原始价值观念的任何非常基本的方面(无论它们能够怎样改变某些后果)，而主要影响年轻人，因为他们渴望令人愉快的品质并试图使人快乐。以这种形式取得成功的**风度**、**修饰**、**魅力**都具有较大的任意性和偶然性；而成年人的价值则几乎到处都是同一种，主要在于正直、人道、才能、知识以及人类心灵的其他较稳重和有用的品质。

帕拉麦德斯回答说，当你奉守日常生活和日常行为的准则时，你所坚持的东西可能有某种基础。经验和世俗的实践很容易矫正任何一方面的任何重大的过度。但是你怎样看待**人为的**生活和作风呢？你怎样调和这些人为的生活和作风在不同时代和民族中所赖以为基础的准则呢？

我说，你所说的**人为的**生活和作风是什么？他回答，我解释一下。你知道，在古代，宗教对日常生活的影响非常微弱，当人们在神殿里完成献祭和祈祷的任务之后，他们便以为神祇们就任由他们自己而行动，很少对那些只影响人类社会的和平和幸福的德性或恶行感到高兴或气恼。在那些时代，惟独哲学的任务才是规范人们的日常行为和举止；相应地，我们可以观察到，由于哲学是人们能够用以使自己出类拔萃的惟一原则，因而它就获得了对于许多原则的巨大优势，产生了许多具有重大独特性的准则和行为。在哲学已经失去其新颖性的诱惑力的现在，它没有这样广泛的影响力，而似乎主要局限于书斋中的思辨，正如古代宗教局限于神殿里的献祭那样。它的地位现在由现代宗教所取代，现代宗教审查我们的整个行为举止，为我们的行动、为我们的话语、甚至为我们的思想和爱好颁定一条普遍的规则，这条规则更加严厉如斯，以至于它是由无限的（尽管遥远的）奖赏和惩罚所卫护的，对它的任何违背都绝不可能隐藏或掩盖起来。

第欧根尼是过度哲学（extravagant philosophy）的最著名的典范。让我们在现代找出一个与他相并行的人。我们把这个人与多明我派或罗耀拉派，或者与任何被封为圣徒的修士或托钵僧相比较，都将不会玷辱任何哲学家之名。让我们比较第欧根尼和帕斯卡尔，这位像第欧根尼自己一样有才干和天赋的人，而且或许也是一位有德性的人，倘若他允许自己的德性爱好得到发挥和显露的话。

第欧根尼的行为的基础是努力使自己成为一个尽可能独立的存在物，把自己的一切需要和欲望以及快乐全都限制在自身之内和自己心灵之内；帕斯卡尔的目标则是使自己时刻注目自己永恒的依赖感，决不忘记自己无数的欠缺和虚弱。那位古人用恢弘大度、炫耀卖弄、骄傲和对于自己高人一等的观念来支撑自己；这位今人则始终宣称谦卑和卑贱，声称对自己的轻蔑和憎恨，并在可能达到的范围内努力获得这些假定的德性。那位希腊人的苦行是为了让自己习惯于艰苦，预防那随时降临于他的痛苦；这位法国人的苦行则是为苦行而苦行，以尽可能多地受苦。那位哲学家甚至在公共场合自己放纵于最淫猥的快乐；这位圣徒则甚至在私人场合自己拒绝最纯洁的愉快。前者将热爱朋友、挑剔他们、指责他们、怒斥他们当作自己的义务；后者则努力绝对淡漠自己最亲近的亲人，而热爱和颂扬自己的敌人。第欧根尼的机趣的重要对象是各种迷信，亦即他那个时代所已知的各种宗教。灵魂有死是他的标准原则，甚至对神圣的天意他似乎也怀有不敬的情感。最荒唐的迷信则指导帕斯卡尔的信仰和实践，与来世相比对今生的极端轻蔑是他的行为的主要基础。

这两个人就这样鲜明地对立着，然而他们两人在他们各自不同的时代都受到一般的钦敬，都被推崇为模仿的榜样。那么你所

谈到的道德的普遍的标准何在呢？我们应当为人类诸多不同的、甚至相反的情感确立何种规则呢？

我说，一个在空气中获得成功的实验，在真空中将不一定获得成功。当人们脱离日常理性的准则，喜爱这些正如你所称之的**人为的**生活时，没有人能保证什么将使他们快乐或者不快。他们的构造不同于其余的人类，他们的心灵的自然原则不以同一种规律性[①]起作用，似乎任由他们自己不受各种宗教迷信或哲学热情的幻象的束缚。

① “同一种规律性”在这里不应当是指支配他们这些人的心灵的自然原则的规律性，而应当是指支配其余人类的心灵的自然原则的规律性。——译者注

主要术语对照表

Abstract　抽象的
Accession　添附
Accident　偶因
Act　行为
Action　行动
Admiration　钦敬
Advantage　好处，益处
Agreeable　（令人）愉快的
Allegiance　忠诚
Ambition　野心
Amour-propre　自爱
Analogy　类比
Animal　动物
Appearance　现象
Appetite　嗜欲
Approbation　赞许
Artificial　人为的
Association　联结
Avarice　贪婪（心）

Beauty　美
Belief　信念
Beneficence　慈善
Benevolence　仁爱
Blame　谴责
Blemish　缺点

Calculation　算计，计算
Cause　原因
Censure　责难
Chance　机会
Character　性格，人物，声望
Chastity　贞洁
Cheerfulness　欢喜
Circumstance　因素，环境
Civil-law　民法
Cleanliness　清洁
Comparison　比较
Conscience　良心
Constitution　构造
Convenience　便利
Convention　约定
Courage　勇敢，勇气
Creator　造物主
Creature　被造物
Crime　罪恶
Criticism　批评
Custom　习俗

Decency 正派
Decision 决定,判决
Defect 缺点
Definition 定义
Degree 程度
Deliberation 慎虑
Desire 欲求,欲望
Determination 规定
Difference 差异
Disposition 气质
Discretion 审慎
Drama 戏剧
Duty 义务

Education 教育
Effect 结果
Eloquence 雄辩
Emotion 情绪
End 目的
Energy 效能
Enterprise 事业
Envy 忌妒
Equality 平等
Esteem 敬重
Evidence 明显,明证性
Evil 恶,罪恶
Existence 实存
Experience 经验
External 外在的

Faction 党派斗争
Family 家庭
Fault 过失
Feeling 感受
Fiction 虚构
Fidelity 忠实
Force 力,力量
Force of body 身体的力量
Freedom 自由
Friendship 友谊
Frugality 省俭

General 一般的,全面的
General rule 一般规则
God 上帝
Golden-age 黄金时代
Good 善
Government 政府
Gratitude 感激

Habit 习惯
Happiness 幸福
Heart 心,人心
History 历史
Honesty 诚实
Humanity 人道
Humility 谦卑

Idea 观念
Imaginary 想象的

Imagination 想像力
Inanimate 无生命的
Inclination 爱好
Indifference 漠不相关，漠不关心，中立
Individual 单个人(的)
Industry 勤奋，勤劳
Ingratitude 忘恩负义
Instance 事例
Instinct 本能
Intellectual 智性的
Intelligence 理智
Intention 意向
Internal 内在的
Intuitive 直观的

Judgement 判断力
Jurisprudence 法理学
Justice 正义

Language 语言
Law 法(律，则)
Levellers 平等派
Liberty 自由
Love 爱

Magnanimity 恢弘大度
Malice 恶意
Manners 作风，风俗
Matter of fact 事实
Mean 中庸
Memory 记忆力
Mental 心理的
Merit 价值
Metaphysics 形而上学
Mind 心灵
Misery 苦难
Mistake 误解
Modesty 谦逊，端庄
Monkish 僧侣式的
Moral 道德的，精神的
Moral distinction 道德区别
Moral sciences 精神科学
Morality 道德性

Natural 自然的，天然的
Nature 大自然，本(天)性
Necessary 必然的，必需的
Necessity 必然性，必需性
Number 数

Object 对象
Obligation 责任
Observation 观察
Order 秩序
Original 原始的

Particular 特定的
Party 党派
Passion 激情

Patience 忍耐
Patriotism 爱国主义
Perception 知觉
Peripatetics 逍遥学派
Perseverance 坚毅
Person 个人,人格
Philanthropy 仁爱
Philosophy 哲学
Pity 怜悯
Pleasure 快乐
Poetry 诗
Politician 政治家
Possession 占有,占有物
Power 力量,权力
Praise 称赞
Precedent 先例
Pride 骄傲
Private 私人的
Promise 许诺
Property 所有权
Prudence 明智
Public 公共的
Public spirit 公共精神
Public, the 公共,公众
Punishment 惩罚
Purpose 目的,意图

Quality 品质

Real 实在的
Reality 实在性
Reason 理性
Reflection 反思
Regard 尊重
Relation 关系
Religion 宗教
Respect 尊敬
Riches 财富
Rule 规则

Sagacity 睿智
Satisfaction 满意
Schedule 体制
Scepticism 怀疑主义
Self-denial 自我否定
Self-interest 自我利益
Self-love 自爱
Selfishness 自私性
Sense 感官,(健全)理智
Sentiment 情感
Simplicity 简单性
Social 社会性的
Society 社会;社交活动
Soul 灵魂
Spirit 精神,气概
Standard 标准
State 状态
Strength of mind 心灵的力量
Success 成功
Suicide 自杀

Superstition　迷信
Sympathy　同情
System　体系

Talent　才能
Taste　趣味
Temperance　自我克制
Tendency　趋向
Theology　神学
Tranquillity　宁静
Truth　真(理,实)
Truthfulness　真理性

Understanding　知性
Universal　普遍的
Unvoluntary　非自愿的
Useful　有用的
Utility　效用

Vanity　虚荣心
Vengeance　复仇
Verbal　言辞的,字眼的
Vice　恶行
Virtue　德性
Voluntary　自愿的

Whole　整体
Will　意志
Wit　机趣

译 后 记

本书的翻译最初是在陈修斋先生的指导下进行的，陈先生并且抱病校改了第一章、第二章和第三章第一节。对于陈先生的指导和教诲，译者铭感至深，在此无法以言敬，只能聊以此书作为对他的纪念。

邓晓芒教授不辞辛劳通校了全书，颜一教授和李秋零教授分别协助译出了书中的希腊文和拉丁文引文。对于他们的帮助，译者谨致以衷心的感谢！在全书译稿加工润色的过程中，我对他们的校译重新进行了调整，译文中一切错误和不足完全由我负责。

杨祖陶先生、冯俊教授和王军风君也为本书的翻译提供了慷慨的帮助，在此一并致以深切的谢意！

曾 晓 平

1996 年 10 月

重订又记：

商务印书馆拟将此书纳入汉译世界学术名著丛书，乘此机会，我又根据原文对译文重新校订了一遍。

这次重订，除改正个别错误和疏漏、纠正一些不太准确的表达外，主要是重新标点和相应于此而对语句略作调整。重新标点的原因是我自己对翻译的观念发生了一定的变化。按照我原先的理解，哲学翻译不仅应当准确传达原著中的哲学思想，而且应当再现原著的语言风格，尤其对于休谟这样一位“哲学英语大师”的“最优秀的著作”，这两个方面更应当一个也不能偏废。我最初坚持对译，就是希望尽可能保留原著原有的意义和风格，语义直译，标点符号基本不作变动，只在文字表达上下工夫。但后来实践的效果表明，翻译在这两个方面很难兼顾，译文的可读性较差，需要读者耐心根据上下文来判断标点符号（如“；”“：”等）本身的意义。这次重订只以达意为目标，文字表达和标点皆依从汉语的习惯。

由于译者水平有限，译文中错误和不足之处难免，恳请读者批评指正。

曾晓平

1999年9月27日

图书在版编目(CIP)数据

道德原则研究/(英)休谟著;曾晓平译.—北京:商务印书馆,2017
(汉译世界学术名著丛书:120 年纪念版:珍藏本)
ISBN 978-7-100-14589-3

Ⅰ.①道… Ⅱ.①休… ②曾… Ⅲ.①伦理学—研究
Ⅳ.①B82 ②B561.291

中国版本图书馆 CIP 数据核字(2017)第 152467 号

汉译世界学术名著丛书
(120 年纪念版·珍藏本)
道德原则研究
〔英〕休谟 著
曾晓平 译

商 务 印 书 馆 出 版
(北京王府井大街 36 号 邮政编码 100710)
商 务 印 书 馆 发 行
北 京 冠 中 印 刷 厂 印 刷
ISBN 978-7-100-14589-3

2017 年 12 月第 1 版 开本 710×1000 1/16
2017 年 12 月北京第 1 次印刷 印张 13
定价:65.00 元